**rowohlts monographien
begründet von Kurt Kusenberg
herausgegeben
von Wolfgang Müller**

Gabriele d'Annunzio

**mit Selbstzeugnissen
und Bilddokumenten
dargestellt von
Maria Gazzetti**

Rowohlt

Dieser Band wurde eigens für «rowohlts monographien» geschrieben
Den Anhang besorgte die Autorin
Herausgeber: Klaus Schröter
Mitarbeit: Uwe Naumann
Assistenz: Erika Ahlers
Umschlagentwurf: Werner Rebhuhn
Vorderseite: Gabriele d'Annunzio, 1909
(Fondazione «Il Vittoriale deglia Italiani, Gardone Riviera)
Rückseite: Das Mausoleum (Foto: Wolfram Janzer)

Veröffentlicht im Rowohlt Taschenbuch Verlag GmbH,
Reinbek bei Hamburg, September 1989
Copyright © 1989 by Rowohlt Taschenbuch Verlag GmbH,
Reinbek bei Hamburg
Alle Rechte an dieser Ausgabe vorbehalten
Satz Times (Linotron 202)
Gesamtherstellung Clausen & Bosse, Leck
Printed in Germany
1290-ISBN 3 499 50407 3

2. Auflage. 8.–9. Tausend September 1995

Inhalt

Einleitung 7
Verklärte Jugend 12
Rom – Der Journalist und Romanautor 28
Der politische Intellektuelle 49
Amori et dolori sacra 61
D'Annunzios Theater: Macht und Opfer 73
Poeta di vita totale 81
Der verkannte Fürst 88
Der Berufsheld 100
Rausch der Macht: Fiume 110
Mein lieber Kamerad 121
Qui clausura assoluta 129

Anmerkungen 140
Zeittafel 145
Zeugnisse 148
Bibliographie 150
Namenregister 156
Über die Autorin 159
Quellennachweis der Abbildungen 159

Einleitung

Dichter, Soldat und Flieger, Kulturrepräsentant und Demagoge, leidenschaftlicher Sammler: der italienische Schriftsteller Gabriele d'Annunzio* hat wie kaum jemand zu seiner Zeit die Aufmerksamkeit der Welt auf sich und Italien gezogen. Er war der einzige italienische Dichter, der in dem Jahrzehnt vor dem Ersten Weltkrieg internationalen Ruhm genoß. Seine Werke haben eine ganze Phase italienischer Literaturgeschichte beeinflußt, sind Dokumente einer Epoche geblieben. Seine Liebesabenteuer, seine theatralischen Gesten, in der Literatur wie in der Politik, haben die Zeitungen, das Publikum immer beschäftigt. Auch mit den zahllosen Legenden, die er über sein Leben in die Welt setzte, bleibt er das eindringlichste, schrillste Phänomen der europäischen Jahrhundertwende.

Sehr jung war er schon ein erfolgreicher Romancier, später der Geliebte der berühmtesten Schauspielerin ihrer Zeit, Eleonora Duse. In den Ersten Weltkrieg zog der Dichter als Soldat, flog über Wien und warf Flugblätter über der Stadt ab, und als er Fiume mit Freischaren eroberte und das Volk mit ‹Balkonreden› verführte, nahm er die choreographische Massenpolitik des Faschismus und Nationalsozialismus schon 1919 vorweg. Im Krieg wurde er mehrfach ausgezeichnet und später – als Prinz von Montenevoso – in den Adelsstand erhoben. Mussolinis Vorschlag, ihn zum Senator zu ernennen, lehnte er ab. Die Drucklegung seiner *Gesammelten Werke* ließ er dagegen vom italienischen Staat finanzieren. «Il Vittoriale», sein letztes Domizil am Gardasee nebst allen Sammlungen und Kriegstrophäen, übergab er dem italienischen Staat und den Italienern mit dem Bekenntnis: *Nicht nur ein jedes von mir eingerichtetes Haus, sondern ein jeder in den verschiedensten Lebensperioden von mir gesammelter Gegenstand war für mich stets eine Form, mich auszudrücken*

---

* Zur Schreibweise des Familiennamens – mit kleinem oder großem ‹d›? – bestehen seit Jahren in der Sekundärliteratur unterschiedliche Ansichten. Dazu erklärt das Nationalinstitut des «Vittoriale», nach Vorlage der Geburtsurkunde, folgendes: Mit dem Vornamen: Gabriele d'Annunzio; ohne den Vornamen: D'Annunzio. Alphabetisch ist der Name unter dem Buchstaben ‹d› einzuordnen, da es sich nicht um einen Adelstitel handelt. Dieser Schreibweise schließen wir uns an.

und geistig zu offenbaren... genauso wie jede meiner politischen und militärischen Handlungen, wie jedes meiner Gedichte, meiner Dramen, wie jede Kundgebung meines unbesiegten Glaubens. Deshalb wage ich es, dem italienischen Volke das anzubieten, was mir noch bleibt... als nackte Erbschaft eines unsterblichen Geistes.[1]*

Dichterische Übertreibung, blühende Phantasie, ein grandioser «Bluff», in dem er auch sonst lebenslang ein Meister gewesen war? Bis kurz vor dem Ersten Weltkrieg war Gabriele d'Annunzio auch in Deutschland ein vielgelesener Autor. Derzeit ist, außer *Feuer*, keiner seiner Romane oder Gedichtbände, keines seiner Theaterstücke im deutschen Buchhandel, ein Großteil seines Werks blieb ohnehin unübersetzt. Und doch ist Gabriele d'Annunzio jener Dichter und Schriftsteller gewesen, dessen Phantasie Hugo von Hofmannsthal als «der Seele Weltseele» bezeichnete und dessen Gedichtbücher er als «Schmuckkästchen» charakterisierte; später freilich verurteilte Hofmannsthal ihn als «kriegerisch geschminkten Casanova»[2]. Aber auch der junge Robert Musil war von D'Annunzio fasziniert.[3] Stefan George hatte im dritten Band der Ersten Folge der «Blätter für die Kunst» 1893 einige seiner Gedichte übersetzt, die Hofmannsthal als «höchlichst gelungene Nachdichtung»[4] lobte, und Bertolt Brecht meinte über ihn: «Er war ein Scharlatan, aber dieser Scharlatan schrieb Hirtengedichte, die kaum untergehen werden.»[5] Für die Gestalt des Vastius Alder in «Die Geschäfte des Herrn Julius Caesar» ließ sich Brecht von D'Annunzio inspirieren.

Gabriele d'Annunzio war der Zauberer der italienischen Bourgeoisie, die er mit pseudo-aristokratischen Vorstellungen manipulierte. Diesen entsprachen bald grausame politische Realitäten: der Erste Weltkrieg, der Faschismus, der Zweite Weltkrieg, den D'Annunzio, 1938 gestorben, nicht mehr erlebte. Die «Alpenrepublik von Salò», auf die zuletzt das ganze Imperium Mussolinis zusammengeschrumpft war, lag nur 10 Kilometer nördlich des «Vittoriale». Sieben Jahre nach D'Annunzios Tod kapitulierte hier Mussolinis Macht. Das Italien der Nachkriegszeit hat ihn als faschistischen Dichter verurteilt. Aber 1963, beim hundertjährigen Geburtsjubiläum, erlebte D'Annunzio ein neuerwachtes Interesse seitens der literarischen Forschung. Seit 1966 trifft man sich zu regelmäßigen Symposien. Der zeitliche Abstand belastet das literaturwissenschaftliche Urteil weniger. Und 1988 wiederum, beim fünfzigjährigen Todesjubiläum, bricht in Italien eine regelrechte Veröffentlichungswelle aus. Diesmal verdrängt man die historische Vergangenheit und entdeckt den Dichter europäischen Ranges wieder, der die Grenzen zwischen Wort, Musik und Bild zu überwinden suchte, den typischsten Vertreter des italienischen und europäischen fin de siècle. Als Vertreter des Zeitgeistes, der den Geist der Zeit zu seinem Vorteil zu nutzen weiß, als einen selbstgemachten Pop-

---

* Die hochgestellten Ziffern verweisen auf die Anmerkungen S. 140f.

star einerseits, als eine Symbolfigur für eine bestimmte Haltung zum Leben und zur Kunst andererseits haben ihn neuerdings auch in Deutschland Hermann Peter Piwitt («Der Granatapfel») und Tankred Dorst («Der verbotene Garten. Fragmente über D'Annunzio») wieder ins Gespräch gebracht.

Auch «Il Vittoriale», über dem Kurort Gardone am Westufer des Gardasees gelegen, ist keineswegs vergessen. Im Sommer gibt es dort bis zu 3000 Besucher pro Tag – darunter viele ausländische Urlauber. Was hier wie eine Bühnenaufführung wirkt war D'Annunzios absolute private ästhetische Gegenwelt, die er streng vor der Öffentlichkeit verteidigte. Was wir heute besuchen ist eine Wunderkammer, ausgestattet mit ausgewählten Requisiten seines Lebens und seiner Vorlieben, das seltenste Zeugnis europäischer fin de siècle-Kultur.

Wenn man D'Annunzios pikareskes und bombastisches Leben möglichst schlicht schildern will, so liegt in diesem Versuch, D'Annunzios fast monströsen Hang zur Überfülle zu ordnen und zu reduzieren, eine große Herausforderung. D'Annunzios grandiose Inszenierung seiner selbst unterzieht der Schriftsteller Piero Chiara in seiner umfangreichen romanhaften Biographie keiner kritischen Prüfung.[6] Er bleibt an pikanten Fakten haften, und davon hat D'Annunzio wirklich sehr viele geliefert. Ganz anders verfährt Paolo Alatri, dessen Buch über das Leben D'Annunzios aber lediglich eine Aneinanderreihung von Zitaten bleibt – ein nützliches Nachschlagewerk.[7] Sehr komplex bleibt auch das Problem des Eingehens biographischer Daten in das Werk D'Annunzios: Wie soll ein Biograph gerade bei diesem Dichter zwischen Leben und Kunst unterscheiden? Schreiben sollte der unerträglichen Realität einen Sinn verleihen – in seinem Fall bedeutete es wirklich eine Kompensation des Lebens. Das Leben konnte von D'Annunzio abenteuerlich bis hin zur Grausamkeit deswegen gelebt werden, weil er sich die Möglichkeit bewahrte, es im Schreiben zu sublimieren. Zwar war das Leben für ihn von Grausamkeiten bestimmt, denen gegenüber er sich nach Reinheit und Edlem sehnte, und doch wußte er, daß das Leben die Inspirationsquelle für sein Schreiben abgab, also vor allem daher seine eigene Existenznotwendigkeit für ihn besaß.

Um D'Annunzios Leben zu schildern, ist es wichtig, sich die politischen Verhältnisse der Epoche zu vergegenwärtigen, zu deren dominierender Gestalt er aufstieg – kraft geschickter Vermarktung seiner Person; er hat zur richtigen Zeit die Sehnsüchte seiner Epoche vorausgeahnt, geweckt und repräsentiert.

Das Italien D'Annunzios war das des Risorgimento, der nationalen Befreiungskämpfe, die 1860 zur staatlichen Einheit Italiens führten. Die Errichtung einer Monarchie in Händen des piemontesischen Königshauses betrieb der liberale Staatsmann Camillo Cavour, die Eroberung Süditaliens Giuseppe Garibaldi. Den Anschluß der Lombardei verdankte Piemont der Hilfe Napoleons III. Garibaldi, Cavour und König Vittorio Emanuele II. sind die drei Figuren, die das Volk künftig als Freiheitshelden verehrte: Helden, die Italien endlich wieder Ruhm eingebracht hatten. Aber noch wurde Rom vom Papst regiert und die «Briganti» in den Abruzzen kämpften vier Jahre lang eine Art Guerilla-Krieg gegen den neuen Staat. 1866 führte Italien den dritten Unabhängigkeitskrieg gegen die Habsburger, aber erst nach dem Sieg Preußens über Österreich wurde auch Venetien wieder italienisch. Die Niederlage gegen die österreichische Flotte vor Lissa blieb lange Zeit ein schmählicher Makel für die neue italienische Regierung. Nur mit Gewalt konnte Rom am 20. September 1870 durch den Sturm der Bersaglieri auf die Porta Pia befreit und zur Hauptstadt der Nation erklärt werden.

Doch auch als der Frieden einkehrte, blieben ungeheure Probleme, vor die sich der neue Staat gestellt sah. Die Außenpolitik entsprach nicht der Erwartung des Risorgimento. Der Unterschied zwischen dem zunehmend industrialisierten Norden und dem rückständigen landwirtschaftlichen Süden wuchs. Während die fast gleichzeitige Einigung Deutschlands mit einem Kompromiß zwischen Absolutismus und Liberalismus, Föderalismus und Zentralismus, Preußentum und Nationalismus, mit Bismarck Sicherheit und Stärke versprach, stand Italiens Zukunft auf unsicherem Boden. Träume vom alten klassisch-lateinischen Rom und Italien erwachten wieder. Auch geistig und künstlerisch mußte Italien in jenem Jahrzehnt einen gewissen Provinzialismus überwinden. Nach Alessandro Manzoni, Vertreter eines katholischen Romantizismus, blieb Giosuè Carducci die einzige beherrschende Figur der italienischen Literatur. Italien suchte noch immer Anschluß an die europäische Kultur. In dieser Situation präsentierte sich D'Annunzio als die neue Hoffnung. Mit 21 Jahren bereits gefeiert als Dichter, wurde er bald als Nachfolger des bis dahin berühmtesten zeitgenössischen Dichters Carducci angesehen, der 1907 starb.

Als D'Annunzio 1910 nach Frankreich ging, gab es in Italien keinen Autor, der seinen Platz hätte einnehmen können. Eine neue Strömung entstand vor dem Ersten Weltkrieg allerdings durch zunehmend nationalistisches Gedankengut. D'Annunzio seinerseits, obwohl er literarisch den neuen italienischen Dichtern, den Futuristen, nichts zu sagen hatte, konnte mit seiner aktiven Beteiligung am Krieg und mit seinen nationalistischen, imperialistischen Parolen einen großen Teil der älteren und der nach Aktion dürstenden jüngeren Bevölkerung für sich gewinnen. Als Truppenführer in Fiume rettete er seinen Literatenruhm. Der «Ekel am Wort», den die neorealistische Schriftsteller-Generation schließlich (um 1930) zum Ausdruck brachte, bedeutete eine Auseinandersetzung mit der Literaturgeschichte, die von Carducci und D'Annunzio, vom Dilettantismus und Ästhetizismus nichts mehr zu lernen vermochte.

Als modischer Manierist könnte er gegenwärtig jedoch wieder Epoche machen, in einem Moment, wo es den Zeitgeist wieder stärker nach Gesten, Riten, Kulten, Attitüden verlangt als nach Antworten, die um kulturgeschichtliche Einbettung solcher epochalen Phänomene wie Gabriele d'Annunzio bemüht sind. Um sie, vor allen Dingen, geht es hier. Das geschieht an Hand des Werks, an Hand von Dokumenten und Selbstzeugnissen, die, im «Vittoriale» aufbewahrt, zum Teil noch unveröffentlicht sind. Die hier zitierten Selbstzeugnisse sind, wie ein Großteil von D'Annunzios Werk überhaupt, bisher nicht ins Deutsche übersetzt worden. Das einzige auf deutsch zugängliche biographische Material, von seinem Sekretär Tom Antongini stammend, erhebt sich kaum über die Ebene des Klatsches.[8]

Verklärte Jugend

Am 13. November 1880 erhält die Florentiner Zeitung «Gazzetta della Domenica» eine Postkarte aus Pescara mit der Meldung, der bekannte junge Dichter Gabriele d'Annunzio sei vor acht Tagen in der Nähe von Francavilla vom Pferd gestürzt und im Alter von sechzehn Jahren gestorben. Diese Nachricht machte Schlagzeilen in mehreren Zeitungen. Währenddessen feierte Gabriele d'Annunzio zu Hause in Pescara das Erscheinen der zweiten Auflage seines Gedichtbands *Primo Vere*, mit dem der Internatsschüler Erfolg bei der Kritik gehabt hatte. Der angeblich Verstorbene hatte sich den Werbetrick ausgedacht und selbst die Postkarte geschrieben. Schon früh verstand er es, Marktstrategien für sein Werk und seinen Ruhm einzuetzen. Er wollte den Ruhm: *Ich bin sechzehn Jahre alt, und schon spüre ich in der Seele und im Geist das erste Feuer jener Jugend erglühen, die naht: in meinem Herzen ist tief eingeprägt ein maßloser Wunsch nach Wissen und Ruhm, welcher oft über mich mit einer düsteren und quälenden Melancholie herfällt und mich zum Weinen zwingt: ich dulde kein Joch.*[9]

Über D'Annunzios Taten wurde viel berichtet, will man jedoch seine Kindheit nachzeichnen, so ist man auf seine im Alter aufgeschriebenen Erinnerungen angewiesen. Die Prosaschriften *Le Faville del maglio*, *Libro segreto* und *Cento e cento pagine* sind autobiographische Skizzen von einem, der sich als eine Ausnahme sieht und stilisiert hat: Seine Kindheitserlebnisse stellt er dar als eine Welt aus Zeichen, Prophetien und Symbolen, die über das bloß Faktische hinausweisen sollen. Er erscheint sich selbst gleichzeitig als Sammelpunkt der Welt und deren reflektierender Spiegel. Es ist bezeichnend für D'Annunzio, wie er Ereignisse seiner Kindheit zu Zeichen der Vorsehung umdeutet. Aus Alltäglichem wird Bedeutung destilliert: *Es gibt in meiner ganzen Kindheit... eine Aufeinanderfolge von Symbolen, von Zeichen, die für meinen Einklang mit der Natur und mit meinem Geschlecht stehen.*[10]

Zum Symbol wird danach eine Wunde am Finger, die er sich als Kind zufügte beim Öffnen einer Muschel, *seit meiner Kindheit das unauslöschbare Zeichen meines eingeborenen Stolzes*[11], später als die Schwiele des Schriftstellers gedeutet. Ein Symbol sind für ihn Schwalben, *die schwarzen Silhouetten*, die so leicht fliegen, ihn mit ihrer Leichtigkeit faszinie-

Das Geburtshaus in Pescara

ren. Er fühlt sie seinem Lebensdrang ähnlich, der Wunsch zu fliegen liegt in ihm, aber vom Bild des Ikaros weiß er noch nichts. Den Schmerz des Sturzes spürt das Kind im übertragenen Sinne nur durch die Verletzung, die der Anblick der Schwalben ihm gleichzeitig zufügt: *Sie schneiden die Luft. Sie bringen einem die Freude und nehmen sie gleich wieder weg*[12], ja, sie lassen ihn auf der Erde zurück. Als der Hausverwalter Rafaele die Nester der Schwalben zerstört, die am Gesims seines Elternhauses sich eingenistet haben, bekommt Gabriele einen Nervenzusammenbruch: *Woher auf einmal diese schreckliche Aufregung bei den Schwalben? Mamma! Mamma! Mamma!... Die Nester fallen in Stücke, die kleinen Eier, wie Perlen, sind zerquetscht, verzweifelt schwirren die Schwalben umher... ich schreie mit ihnen... die Rute der Grausamen peitscht meine Brust und die Nester, durchbohrt mir die Kehle, ich hebe die Arme, um von der Erde aufzufliegen... Mamma, ich will sterben! Mein Schluchzen, mein Zucken ist ganz wie die Freude in der Luft, wie die Unschuld der Flügel, so wie sie in mir schmachten und dahinsiechen.*[13] D'Annunzios Temperament überrollt uns mit überschäumender Vitalität, mit unkontrollierten Gemütsschwankungen von plötzlicher Begeisterung bis zu Regungslosigkeit.

In einer weiteren Kindheitserinnerung sieht sich D'Annunzio rückblickend als das stolze Kind, das sich Hals über Kopf in die Gefahr stürzt: Die Schwester Ernesta will ihm etwas zeigen, öffnet blitzschnell ihre geschlossene Faust, schließt sie dann wieder mit höhnischem Lachen. Hatte sie eine Perle in der Hand? Nein, es war nur ein Schwalbenei. Gabriele – schon immer vom Glanz der Dinge angezogen – läuft bis zum obersten Stockwerk, geht auf den Balkon, steigt aufs Eisengeländer und versucht auf Zehenspitzen seine Perle aus dem Nest unterm Gesims zu erreichen. Unten auf der Straße versammeln sich nach und nach besorgte Passanten. Was sich daraus entwickelt ist eine süditalienische Tragikomödie: Die Tante Rosalba zerrt ihn weg, *ich erkannte das verzerrte und fahle Gesicht, das, über mich gebeugt, nach Luft schnappte, zwischen Tränen und Schweiß*. Die Tante Maria, *die fromme, kniete und küßte ihr Kruzifix*. Die Sinne schwinden ihm, als er den Schrei der Mutter hört, *höher und herzzerreißender als der, den sie bei meiner Geburt ausstieß*. Als der Vater hinzukommt, *der gewalttätige, der zügellose, schäumte der vor Wut. Aus Liebe und aus Angst wollte er zunächst strafen, aber seine Frau hielt mich an ihrer Brust fest, sie schaute ohne ein Wort auf ihren Mann, vor diesem Blick wankte der Vater, kniete, brach in Schluchzen aus.*[14] Die Mutter, die heilige, schützt ihn vor der Bestrafung und väterlicher Gewalt. *Wir waren drei, aber wir waren wie eine Einheit, die Tränen wuschen und reinigten mich.*[15] Wie eine Drei-Einigkeit sieht D'Annunzio seine Familie, im Mittelpunkt ist er, der heilige Sohn, der vom Tode Gerettete. Gabriele verwandelt Vorkommnisse wie diese zu bedeutungsvollen Ereignissen, die sich ihm wie Epiphanien einprägen. Wie geblendet nimmt er Details wahr, durch Zeichen formuliert er pars pro toto seine Wirklichkeit: *Alles spricht zu mir, alles ist Zeichen, für mich, der es lesen kann.*[16] Die Welt in Zeichen und Symbole so zusammenziehen, daß sie einem aufs Wort gehorcht: Kraft dieser Kunstfertigkeit gelang es ihm auch, seine Politik in Fiume zu inszenieren. Die Masse konnte dem Zeichen besser folgen als den durch viele Worte komplizierten Gedanken. Den politischen Idealen gab er eindringliche Bilder, das war seine Politik der Masse.

Gabriele d'Annunzio wurde am 12. März 1863 in Pescara, Abruzzen, geboren als Sohn von Francesco Paolo Rapagnetta-d'Annunzio und Luisa de Benedictis. D'Annunzio oder Rapagnetta? Dieser Doppelname war um so mehr Anlaß zu Spott, als er die Aura des Ungewöhnlichen um

*Der Vater
Francesco Paolo d'Annunzio*

Die Mutter Luisa de Benedictis

seine Person verbreitete: denn selbstverständlich klingt D'Annunzio eleganter als Rapagnetta («Rübchen»). Gabriele – so heißt der Erzengel in der Bibel. D'Annunzio – das bedeutet auf italienisch die Botschaft: *Mein Name sagt Annunzio* (Botschaft) *und nicht Rinunzio* (Verzicht).[17] Warum der Doppelname? Der Vater D'Annunzios, Sohn von Camillo und Rita Rapagnetta, wurde 1851 in Pescara mit dreizehn Jahren von dem Onkel Antonio d'Annunzio adoptiert und behielt zunächst beide Namen. Antonio war ein reicher Kaufmann und Schiffseigner und hatte Anna Giuseppa geheiratet, Witwe eines verstorbenen wohlhabenden Kaufmanns und Schwester von Rita Rapagnetta. Die Ehe war ohne Kinder geblieben, und so beschloß das Ehepaar, einen Sohn der kinderreichen Rapagnetta-Familie zu adoptieren. Damit war Francesco Paolo sozial aufgestiegen. Mit zwanzig Jahren heiratete er die neunzehnjährige Luisa de Benedictis, aus einer aristokratischen Familie des Kreises Ortona, einem Nachbarort, und erst danach ließ er den Namen Rapagnetta endgültig fallen.[18] Auch D'Annunzio wird entschieden den Namen Rapagnetta aus seiner Biographie tilgen. Das junge Paar zog in die Via Gabriele Manthonè 4, mitten im Zentrum von Pescara – ein kleiner zweistöckiger Palazzo, höher als die anderen Häuser, mit einem Balkon im ersten Stock –, das typische Haus eines kleinen Herrn aus der Provinz, im italienischen Süden, mitten auf einem kleinen Platz, mit einer kleinen Kirche, mit kümmerlichen Bäumen und abgeblätterten Fassaden.

Pescara um die Mitte des 19. Jahrhunderts war ein Fischerdorf mit einem kleinen Hafen und einer alten, verfallenen Festung in der Provinz Chieti in den Abruzzen. Durch das Hochgebirge des Gran Sasso vom Kirchenstaat getrennt, hatte die Region, die an der Adria-Küste liegt, im Laufe ihrer Geschichte mehr Kontakte mit der untergegangenen Seemacht Venedig als mit Rom gepflegt, fühlte sich mit Albanien und dem ärmlicheren Griechenland eher verbunden als mit Italien und hatte sich von allen Provinzen des ehemaligen Königreichs Neapel am meisten gegen die Einheit Italiens gesperrt. Das Land gehörte zum größten Teil feudalen Grundbesitzern, die in Neapel wohnten. Seine Bourgeoisie war arm und der Kirche eng verbunden. Eigentlich waren Matrosen und Fischer der einzige lebendige Teil dieser erstarrten Gesellschaftsstruktur. Die Abruzzen bewahrten noch ihre altertümlichen Riten, ihr Brauchtum und einen Aberglauben in einem Maß, wie es in Europa bereits selten geworden war und den jungen D'Annunzio unmittelbar beeinflußte.

Im verschlafenen Fischerdorf Pescara, mit ruhigen, geraden Straßen und sehr niedrigen Gebäuden, war man schnell entweder an der Flußmündung oder auf dem Land mit den riesigen Olivenplantagen. Die eigene Kindheit verbindet D'Annunzio mit Ausflügen auf den Berg La Maiella, mit Spaziergängen mit dem Onkel Demetrio bei Sonnenuntergang bis zum Fluß Pescara und zum Lido der Adria: *Verzweifelt, über mein Blatt gebeugt... sehe ich manche Segel meiner Adria an der Pescara-Mündung wieder, ohne Wind, ohne freudiges Aufbauschen, von einer Farbe, einem Wert, unbeschreiblich.*[19] Es bleiben Erinnerungen an Sand, Pinien und Olivenbäume, eine fast geistliche tiefe Bindung an seine Heimat. Hier verspürte das Kind den starken Einklang mit der Natur, der später das Wesen von D'Annunzios Dichtung ausmachen wird – Entrückung, Sinnenfreude, Farben, Stimmungen: *Alles ist hier üppig und frei, wie in einem fernen Land des Orients, hier gibt es etwas Jungfräuliches, Wildes, die Sonnenuntergänge sind hier alle aus Blut.*[20]

Die Verwöhnung, die der kleine, übersensible Gabriele d'Annunzio zu Hause erfährt, ist eine Fiktion, die große Widersprüche verbergen soll. Don Francesco Paolo d'Annunzio, Geometer, Grundstücks- und Gasthausbesitzer, Politiker, im Gemeinderat von Pescara und Bürgermeister, begeisterter Verfechter der Ideen des Risorgimento – er rühmte sich, wie der König Vittorio Emanuele auszusehen –, war ein Frauenheld, ein grober und cholerischer Mann. Er ließ sich ‹don› und ‹commendatore› nennen, und er hätte auch das typisch verschlafene Leben der kleinen Bourgeoisie geführt, hätte er nicht die Aufmerksamkeit im Dorf auf sich gezogen wegen seiner politischen Ambitionen und durch seine skandalösen Liebschaften. Offenkundig prahlte er mit seinen Frauengeschichten, seine Spielleidenschaft war nicht minder ausgeprägt. Wegen seines verschwenderischen Lebenswandels sollte Francesco Paolo vom Adoptiv-Vater nur ein Drittel des Vermögens erben. Den Rest, der an die Söhne gegangen war, verschleuderte Francesco Paolo gleichwohl in Windeseile, weil diese ihn unvorsichtigerweise mit der Verwaltung des Vermögens beauftragt hatten. 1893 starb er in Armut und D'Annunzio sah seine beträchtliche Erbschaft verloren. Mit Stolz hatte Francesco Paolo den Namen der D'Annunzios getragen, der ihm einen adligen Anschein verlieh. Wer dagegen wirklich dem Provinzadel angehörte, das war Luisa de Benedictis, seine Frau, Donna Luisetta genannt. Sie lebte zurückgezogen, geduldig erlitt sie die zunehmenden Eskapaden ihres Ehemanns, seiner sorglosen Verschwendung des Familienvermögens schauten sie und ganz Pescara ohnmächtig zu.

Durch die Verwandten mütterlicherseits lernte D'Annunzio ein kultivierteres Milieu als das der Rapagnettas alias D'Annunzios kennen.[21] Das kaufmännische Kleinbürgertum verband sich in D'Annunzios Familie mit dem ärmeren Kleinadel. Beide Schichten beanspruchten für sich eine nach außen zu demonstrierende Darstellung von Besitz und Weltläufigkeit, auf eine Art und Weise allerdings, die außerhalb der armen, abgeschlossenen Provinz eher aufgeblasen wirkte.

Als erster Sohn nach den zwei Schwestern Anna (1854) und Elvira (1861) zog Gabriele bald Aufmerksamkeit, Stolz, übertriebene Zuneigung, Ängste, Wünsche auf sich. Er wuchs vorwiegend von Frauen umgeben auf, mit der Hebamme, mit seinen Schwestern und mit der Großmutter. Im oberen Stockwerk des Elternhauses wohnten zwei unverheiratete Tanten, die ihre Zeit zwischen Kirche und der Familie von Donna Luisa verbringen. Die Mutter, die Tanten, die Schwestern verwöhnen ihn so, wie das in einer süditalienischen Familie fast normal ist. Der Vater ist gewalttätig, tyrannisch, von patriarchalischer Strenge, aber auch großzügig, ein Genießender. Er bewegt sich außerhalb der schwarzgekleideten, frommen Frauenwelt zu Hause. Die «Villa del Fuoco» ist ein Familienbesitz, wenige Kilometer von Pescara entfernt. Dort feiert er Feste, dorthin lädt er Frauen ein und nimmt auch manchmal Gabriele in seiner Kalesche mit: *Fett, vollblütig und kräftig, schien dieser Mann aus seinen Gliedmaßen eine beständige Glut sinnlicher Lebenskraft auszuströmen.*[22] Die Passage über die Begegnung zwischen Giorgio Aurispa und seinem Vater im Roman *Der Triumph des Todes*, im Elternhaus in den Abruzzen, enthält starke biographische Bezüge: *Das Fleisch, das schwitzt... das entstellt wird durch Krankheit... diese tierische Sache, das Fleisch, gedieh bei diesem Mann mit einer Art schamloser Dreistigkeit... Es scheint, daß diese ungeahnte Ausdehnungsfähigkeit einer latenten Brutalität sich nach und nach bei ihm entwickelt hat. Und ich bin der Sohn dieses Menschen!*[23]

D'Annunzio hatte diesen mächtigen Körper nicht geerbt. Im Gegenteil, er war zart, klein, sensibel, aber robust, zäh und von großer Willenskraft. Das Kind schwankt zwischen der Erfahrung männlicher Grobheit und den nachgiebigen Liebkosungen der Frauen. Er ist vom stillen Leiden der Mutter berührt, aber auch von der Machterscheinung des Vaters angezogen. Stärke und Männlichkeit würde er gern mit Sensibilität und Feingefühl gepaart sehen. Während weibliche Wärme ihn verwöhnte, sollte der fanatische Stolz des Vaters ihn formen. Der Sohn wehrte sich nicht gegen diese Erwartungen. Im Gegenteil, er lernte schnell, diesen Vaterstolz auf sich zu beziehen und zu erfüllen. Trotz des später distanzierten Verhältnisses zwischen beiden muß man D'Annunzios Vater zugute halten, daß er, anders als die vielen Väter, die in der Regel die musischen Neigungen ihrer Kinder nie unterstützt haben, seinem Sohn viele Anstöße gab. Die Intelligenz und Sensibilität seines ‹feinen› Sohnes war ihm fremd, aber er bewunderte sie und spornte seinen Ehrgeiz an. Er war es auch, der seinem Sohn die eigene Begeisterung für Garibaldi und Napoleon, die großen Männer, vermittelte. Die im «Vittoriale» aufbewahrten Bände «Mémorial de Sainte-Hélène» hatte ihm der Vater als Internatslektüre geschenkt.

Zwei Hauslehrerinnen und dann zwei Hauslehrer hatten D'Annunzio für die Aufnahmeprüfung auf das Gymnasium vorbereitet. Aber die richtige Schulausbildung sollte *der scheue, phantasierende Junge, der noch nicht verbannt, noch nicht dem heimischen Herd und der wachsamen und vorsorglichen Liebe meiner Mutter entrissen war*[24], weit weg von der kleinen Provinz erhalten. Am 1. November 1874 wird Gabriele d'Annunzio, von seinen Eltern begleitet, im Elite-Internat «Cicognini» in Prato, Tos-

Das Internat «Cicognini» in Prato

kana, vorgestellt. Das Gebäude: mächtig, streng, finster. Am gleichen Tag allein gelassen, unterzieht er sich am nächsten Tag der Aufnahmeprüfung. Es wurde eine Enttäuschung; zu niedrig waren die Noten für einen Jungen, der als überdurchschnittlich begabt vorgestellt worden war. Trotzdem, es reichte für das Internat. In der Jesuitenschule, vom Kardinal Francesco Cicognini 1699 gegründet, die später säkularisiert wurde, waren im 19. Jahrhundert Lehrer von ausgeprägt antiklerikaler, positivistischer Gesinnung tätig. Es war eine traditionsreiche Schule von höchstem Niveau. Die wertvolle Sammlung klassischer lateinischer Autoren und Handschriften verlieh der Schule einen nationalen Ruhm. Francesco Paolo wünschte sich für D'Annunzio eine besonders gute humanistische Bildung, und in der Tat, es hätte damals keine bessere Ausbildung für Gabriele gegeben. Don Francesco Paolo scheute in dieser Hinsicht keine Kosten. Vom Fischerdorf Pescara nach Prato – D'Annunzio war in die Fremde gezogen.

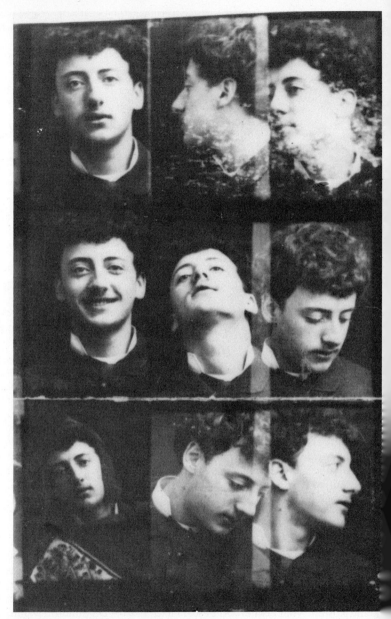

Im Internat als Fünfzehnjähriger

Die toskanische Provinzstadt Prato war zwar klein, aber von einem ganz anderen Niveau als Pescara. Seit Jahrhunderten befand sich hier eine durch Woll- und Tuchhandel reichgewordene Bourgeoisie, die immer bemüht gewesen war, ihre Stadt mit Kunstwerken auszustatten. Die Prateser rühmten sich ihres Doms und der Meisterwerke der Frührenaissance in seinem Innern: da gab es die von Fra Filippo Lippi gemalte Kapelle, die Reliquie von Marias Gürtel, den Tympanon von Andrea della Robbia über dem Hauptportal und die berühmte Kanzel mit Baldachin von Donatello an der südlichen Ecke der Außenfassade. Hier konnte D'Annunzio die faszinierende Welt der Renaissance aus der Nähe kennenlernen. Mit Geduld, von Ehrgeiz getrieben, unterwarf er sich tapfer dem fast militärisch streng organisierten Unterricht. Er litt zwar stark unter der Trennung vom Elternhaus, registrierte aber auch sofort den guten Eindruck, den er auf seine Lehrer machte: «Was für ein schöner Junge! Was für blaue Augen! Seine Haare...! Wie ein Engel!»[25] sagt später einer von ihnen. Um den Schmerz der Trennung in seinem empfindsamen Gemüt auszuhalten, flüchtete er sich in Scheinlösungen und -bedeutungen. Er verstieg sich in das Gefühl, ein besonderes Schicksal zu haben.

Gabriele d'Annunzio studierte eifrig und überaus fleißig. Der Vater hatte ihm verboten, für die Sommerferien nach Pescara zu kommen, denn vor allem wünschte er sich von seinem Sohn, daß er seinen bäurischen Abruzzen-Dialekt vergesse und Toskaner werde. Er sollte das Italienisch lernen, das in der Toskana, in Florenz gesprochen wurde, der Stadt der großen Dichter Dante, Petrarca und Boccaccio. D'Annunzio erinnert sich an die regelmäßige und ehrgeizige Disziplin, dank der er in kurzer Zeit den Tonfall des Dialekts seines Geburtsorts ‹korrigieren› konnte. Der beißende Spott seiner Kameraden wegen seines Dialekts blieb ihm anfangs nicht erspart. Der Druck des Vaters und der Schule verstärkte gleichzeitig seine Ichbezogenheit: er versuchte sich nicht zu integrieren, sondern wollte sich mit seiner ganzen Erscheinung eher isolieren. Die Lehrer mußten mit den Eskapaden ihres zwar besten, aber sehr eigenwilligen Schülers auszukommen lernen. Verschiedene Ausbrüche Gabrieles aus dem Internat, um – so rechtfertigte er sich – die Umgebung und deren Kunst kennenzulernen, endeten in Zusammenstößen mit den Erziehern. Er wurde mehrmals bestraft mit ‹Gefängnis›, ‹ohne Obst›, ‹ohne Essen›. An übertriebene Zuwendung und große Freiheit gewöhnt, empfand der Junge die Jahre im Internat wie eine Gefangenschaft.

Schulkameraden beschreiben ihn als zielbewußt, gebildet, egozentrisch, auf seinen guten Ruf bedacht, fest entschlossen, besser als seine Kameraden zu sein, unruhig, unbeugsam. Schon sehr früh stellen die Lehrer bei ihm einen Hang zu Extravaganz fest. Die Kosten für Handschuhe, Schals, Kleider und Schuhe, die der Vater zusätzlich bezahlen sollte, waren nicht unerheblich. Aber nichts davon beeinträchtigte seinen Wissensdrang. D'Annunzios Latein-Lehrer, ein in Prato bekannter Latinist, der das Renaissance-Epos von Torquato Tasso «Das befreite Jerusalem» ins Lateinische übersetzt hatte, gelang es, seinen Schüler in der dritten Klasse für die antiken Dichter Vergil, Catull und Ovid derart zu begeistern, daß dieser in den Sommerferien die «Metamorphosen» Ovids ins Italienische übersetzen wollte. Mit dem unersättlichen Bedürfnis nach Lektüre wuchs auch die Angewohnheit, in bestimmte Hefte Redewendungen, Ausdrücke, Gedanken, Maximen niederzuschreiben. Er trug sie zusammen sowohl aus alltäglichen Gesprächen als auch aus Büchern. Dabei vernachlässigte er durchaus nicht das Leben neben dem Studium. Der fünfzehnjährige Schüler hatte die Osterferien bei einem Freund der Familie in Florenz verbracht. Mit dessen Tochter besuchte er die Museen in der Stadt, und im etruskischen Museum widerfuhr ihm das folgende Ereignis, das er Jahre später bedeutungsvoll *die Stunde der Chimäre* nannte: *Ein großes, ein leidenschaftliches Ereignis.* Mit seiner Begleiterin erfuhr er, *daß man in den Mund einer Frau beißen kann wie in eine Delikatesse, wenn man Hunger hat, nach schwerer Arbeit und nach dem Turnen. Auch erfuhr ich, in einer Art taumelnden Schauderns, lasziven Verderbens, daß es noch einen Mund zum Aufbrechen gab, einen geheimen und geschlechtsreifen.*[26] Mit sechzehn lernte Gabriele d'Annunzio Englisch, liest Shakespeare und heimlich nachts die Ausländer, Keats, Baudelaire, Gautier. Er beginnt selbst Gedichte zu verfassen und schreibt an die Eltern: *Mir gefällt das Lob... mir gefällt der Ruhm... mir gefällt das Leben.* (25. April 1878)

Im Jahre 1878 sind seine Schulleistungen so gut, daß er ein Schuljahr überspringt und zum erstenmal wieder den Sommer zu Hause verbringen kann. Er genießt das Meer, sein Zuhause, seine Heimat. Am Ende der Ferien fährt D'Annunzio mit seinem Vater nach Prato zurück und macht Station in Bologna, dort besorgt er sich bei der bekannten Buchhandlung Zanichelli Bücher, unter anderem die Ausgabe der «Odi Barbare» des berühmten Giosuè Carducci, eingeleitet von Giuseppe Chiarini, einem der damals einflußreichsten Literaturkritiker. Ihm erzählt er einige Monate später in einem Brief, er habe mehr als zehnmal die Einleitung gelesen und alle «Odi Barbare» auswendig gelernt. Er schreibt noch in einem weiteren Brief, diesmal an Giosuè Carducci selbst, daß auch er *mit Mut für diese Schule kämpfen* wolle, *die man neu nennt und die dazu bestimmt ist, ganz andere Triumphe als jene der Kirche und der Manzoni-Schule zu feiern. Auch ich spüre in meinem Geist jenen Funken des kämpferischen Genies, der mich in allen Adern schaudern läßt und mir eine quälende Sehnsucht nach Ruhm und Kampf einflößt... entschuldigen Sie mich und bedenken Sie, daß ich sechzehn bin und unter der Sonne der Abruzzen geboren wurde.* (6. März 1879)

Als Vertreter der neuen Poesie Italiens, gegen die enervierende Lyrik der katholischen Romantik, hatte sich Carducci, Freimaurer und Republikaner, zum Beschwörer eines neuen Italiens gemacht, einer Nation, die an ihre ruhmreiche Vergangenheit anknüpfen sollte. Er dichtete über Satan, Phoebus, Apoll und Diana und schmückte sich mit der Aura eines Besessenen. Nicht nur D'Annunzio, die ganze italienische Jugend begeisterte sich für ihn. Der Dichter seinerseits sah sich gern als ihr Erzieher. Fest der Überzeugung, einer neuen Dichtergeneration anzugehören, die im Heidentum nicht nur, wie Carducci, eine Komponente der republikanischen Freiheit und Aufklärung sah, sondern auch pan-haftes, sinnliches Naturgefühl, begann D'Annunzio Horaz zu übersetzen und erste Gedichte zu verfassen; Verse, die von einem Eifer zeugen, der schöpferisch und zerstörerisch ist, bis endlich die ersten Gedichte fertig waren. Erfolglos versuchte er, sie in Mailand zu publizieren. Aber der Vater half. Eine vom Sohn verfaßte Ode für den Geburtstag des Königs Umberto I. ließ er bei Giachetti in Prato drucken und verteilte sie selbst auf dem Platz in Pescara. Im Sommer 1879 ließ der Vater 30 Gedichte seines Sohnes bei Giustino Ricci in Chieti drucken, 500 Exemplare à 50 Lire.

Das Buch *Primo Vere* wurde in der römischen Zeitung «Fanfulla della Domenica» am 2. Mai 1880 von demselben Giuseppe Chiarini rezensiert, dem D'Annunzio einige Monate zuvor geschrieben hatte. Mit diesem Gedichtband D'Annunzios feierte der Kritiker den schon lang erwarteten neuen Dichter. Auch wenn er den darin enthaltenen überbetonten Sensualismus nicht teilte, rückte Chiarini ihn in die Nähe von Byron, Shelley, Swinburne, Heine, Hugo, lobte ausdrücklich die Musikalität der Übersetzungen von Horaz und die vielversprechende dichterische Qualität. Trotz der offensichtlichen stilistischen Anlehnung an Carducci konnte D'Annunzio schließlich von Chiarini als ermunterndes Beispiel für die junge literarische Generation Italiens zitiert werden.

Das Internat jedoch fand die Gedichte unanständig und beschlagnahmte sie. Beinahe währe D'Annunzio deshalb von der Schule gewiesen worden. Er durfte schließlich bleiben und wurde 1880 mit sehr guten Ergebnissen in das letzte Schuljahr versetzt. Auch diesmal durfte er wieder die Sommerferien in Pescara verbringen. Dort reitet er jeden Abend drei Stunden, schwimmt leidenschaftlich gern, fährt Boot bei Mondlicht, tanzt, schreibt Verse und hofiert die schönen Frauen: *Hier bin ich den Damen sehr sympathisch, vielleicht weil ich ein Dichter bin, einen Wust schwarzer Locken habe und zwei Augen wie ein Besessener. Frauen sind merkwürdig und neugierig.*[27] Noch bevor das letzte Schuljahr begann, war im November 1880 die zweite Ausgabe von *Primo Vere* bei Carabba di Lanciano erschienen, wonach er seine eigene Todesanzeige in die Zeitung gesetzt hatte. Für den Verkauf dieser Exemplare verhandelte er selbst in Prato mit einem Buchhändler und empfahl ihm, einen selbstverfaßten Werbetext zu verteilen. Laut Vertrag sollte ihm der Buchhändler alle zwei Monate das Geld vom Verkaufserlös überweisen. Es ist das erste Beispiel dafür, wie bewußt D'Annunzio sein Leben lang die eigenen ökonomischen Interessen als Autor vertrat.

Kurz vor dem Abitur lernte er auch seine angeblich erste Liebe kennen, die ihn zum nächsten Gedichtband *Canto Novo* inspiriert haben soll. Giselda Zucconi, Lalla genannt, war die älteste Tochter des Tito Zucconi, eines Internatslehrers, den D'Annunzio oft zu Hause in Florenz besuchte. Zwischen Lalla und Gabriele begann ein umfangreicher Briefwechsel mit Lallas Vater als Überbringer. Den Briefen waren Fotos, Rosenblätter oder Haare beigegeben: *Du, Du wirst loben, weinen und lachen in meinen Strophen*, schrieb er ihr am 1. Mai 1881, *Du wirst mir wahre Bilder einflößen, wunderschöne Bilder wirst Du mir geben und all die Harmonien, die die Grenzen des Menschlichen überschreiten.* Gesehen haben sich beide wenig. Denn im Juni 1881 beendete D'Annunzio das Gymnasium und verließ endgültig das Internat in Prato. Er freute sich zwar, zu Hause zu sein, aber diesmal mußte er Lalla in Florenz allein lassen. Von Pescara aus schrieb er ihr jeden Tag. Wie in einem Tagebuch erzählte er seiner Giselda-Lalla von seiner Sehnsucht, von seiner Familie, aber vor allem beschrieb er ihr die Verzauberung durch die wiedergefundene Landschaft der Abruzzen: *Die Sonne neigt sich zum Westen hin: es ist ein klarer Himmel von einem unbeschreiblichen hellen Grün, voll mit fröhlichen Schwalben. Wenn Du sehen könntest, Elda, wie schön mein Himmel ist! Deiner ist nicht so; komm, komm, ich bin traurig, ganz allein und fieberkrank.* (11. Juli 1881) Immer wieder vergleicht er das Wilde der abruzzischen Landschaft mit der schönen, bezaubernden, aber lieblichen Toskana, am 15. Juni 1881: *Hier gibt es die ganze prächtige Üppigkeit einer unberührten Natur.* Und drei Tage später: *Ich lerne die abruzzischen Volkslieder, was für bezaubernde Melodien, es sind Stimmen der Natur, wie es sie nirgendwo in Italien gibt. Man muß sie von unseren Bäuerinnen singen hören in den purpurnen Sonnenuntergängen, in den verhängnisvollen Mondnächten. Es ist die große Natur, die singt.*

In diesem Sommer lernte D'Annunzio den abruzzischen Maler Francesco Paolo Michetti kennen. Der Maler lud den fünfzehn Jahre jüngeren D'Annunzio zu sich nach Francavilla al Mare an der adriatischen Küste ein. In dem kleinen Ort am Meer, unweit von Pescara, hatte er ein altes Kloster als Atelier gemietet. Es erwuchs eine tiefe, lange Freundschaft; wie ein Bruder, wie ein Vater sorgte sich Michetti um ihn. Francesco Paolo Michetti, von einem ausgewählten Freundeskreis umgeben, zu dem der Bildhauer Costantino Barbella und Eleonora Duse gehörten, war der berühmteste Maler des Realismus in Italien, der das Volksleben der Abruzzen mit Detailgenauigkeit, mit Dekorreichtum und melodramatischem Gefühl auf der Leinwand festhielt. 1880 hatte Michetti ein berühmtes Bild gemalt, «Das Gelübde»: die Bußprozession eines Dorfs auf den Knien, zu einer wundertätigen Statue, um einen Mord zu sühnen. Michetti fotografierte im stereoskopischen Verfahren und archivierte die Aufnahmen nach Themenbereichen – Landschaft, bäuerliches Leben, Prozessionen. Diese akribisch fotografischen Studien des bäuerlichen Milieus der Abruzzen dienten ihm als Vorlagematerial für seine Bilder. Es

Das Kloster-Atelier von Francesco Paolo Michetti in Francavilla al Mare

waren Fotos einer archaischen Welt, enge Gassen, arme, schwarzgekleidete Menchen, hagere Gesichter, Krüppel, Staub, Steine und immer ein irreales Licht. Die Aufnahmen der amphoretragenden Mädchen und nackten Jungen aus Taormina des deutschen Fotografen Wilhelm von Gloeden, eines Freundes von Michetti, waren den abruzzischen Bäuerinnen Michettis, die auf ihren Köpfen Steine transportierten, sehr ähnlich. Auch D'Annunzio benutzte später diese Vorlagen für seine Romane, insbesondere für den Roman *Der Triumph des Todes*. Mit Michetti machte D'Annunzio Ausflüge, entdeckte die Abruzzen näher, die Berge, die Städte, L'Aquila zum Beispiel, mit seinem *mittelalterlichen Glanz*, seinen *höflichen Bewohnern* und *schönen Frauen*.

Auf diesen Natureindrücken seiner Heimat beruht der zweite Gedichtband *Canto Novo*, 1882 erschienen. Es sind Gedichte, die vom Erstaunen und von der Bezauberung durch das Meer sprechen, von Verwandlungen durch die Wälder, von ursprünglicher Einheit mit der Natur. *Breit ruht die Mittagshitze auf diesem von Wogen und Pflanzen / blau-grünen einsamen Tal; / und ich, ein flinker Leopard im Hinterhalt, verstecke mich / heilige*

Um 1881

Platane, zwischen Deiner Mähne.[28] Es war eine romantische Welt der Mythen, wie D'Annunzio sie bei Keats gefunden hatte, eine Romantik, wie sie Italien nie kennengelernt hatte. An englischen Romantikern schulte D'Annunzio seine Sprache, probierte neue Strukturen, so daß dieser Band die Befreiung vom literarischen Erbe Carduccis bedeutete: *Es gibt den Zauberer Carducci, der mich erdrückte, und eines Tages wäre mein Schicksal nur eines von vielen jungen Menschen gewesen! Ich habe die Kraft besessen zu rebellieren. Dank einen langsamen und mühsamen Prozesses von selections bin ich jetzt freier, ich, ganz ich. Ich muß nur noch die letzten Fesseln lösen und mich dann ins Wasser werfen.* (An den Freund Guido Biagi, 24. Mai 1881.) Nach diesem Sommer kehrte er nicht nach Florenz zurück, obwohl er Lalla seine Liebe beteuerte. Er beschloß, sich in Rom an der Universität zu immatrikulieren für die Fächer Literatur und Philosophie. Der Vater begleitete den jungen Mann mit den starken Locken, mit der etwas bäurischen Direktheit und den willensstarken dunklen, feurigen Augen. D'Annunzio wendet sich jetzt voller Vertrauen dem Trubel Roms zu, der Hauptstadt des neuen italienischen Staates.

Rom – Der Journalist und Romanautor

Am 29. November 1881 berichtete D'Annunzio an Lalla: *Ich kam am Sonntag den 20. in Rom an... Der Vater ist gestern abend abgereist. Er hat mich hier in der neuen Wohnung gelassen und hat mich einer ausgezeichneten Florentiner Familie anvertraut.* D'Annunzio wohnte in der Via Borgognona, mitten im Zentrum der Stadt. Statt die Universität zu besuchen, zog er es vor, in den Zeitungsredaktionen von «Capitan Fracassa» und «Cronaca Bizantina» zu verkehren. Edoardo Scarfoglio, Redakteur der römischen Zeitung «Capitan Fracassa», in der D'Annunzio schon als Internatsschüler Gedichte veröffentlicht hatte, beschreibt den großen Eindruck, den D'Annunzio bei seinem ersten Besuch in der Zeitungsredaktion auf ihn machte: «Beim ersten Ansehen des Kleinen mit dem Lockenkopf, mit den weichen, weiblichen Augen... stand ich sofort auf und war seltsamerweise betroffen... Gabriele erschien uns wie die Inkarnation des romantischen Dichterideals.»[29] Er wurde von seinen Kollegen als «höflich und schön», «sanft, umgänglich und bescheiden» beschrieben. «Im Winter und Frühling 1882 wurde Gabriele für uns Objekt eines unglaublichen Kults», bestätigt Scarfoglio.

Rom 1882, das war das Rom des fin de siècle, mit den alten Gebäuden, mit der alten Aristokratie, die mit dem Papsttum paktierte. Ein Jahrzehnt nach der Erstürmung der Porta Pia – der besiegte Papst hatte sich in den Vatikan zurückgezogen und die Stadt den weltlichen politischen Kräften überlassen – erlebte Rom einen raschen Bevölkerungszuwachs. Die Entstehung der neuen «hohen Viertel» des Esquilino, jenseits des Tibers, im Stil der Jahrhundertwende gebaut, brachte große Bauspekulationen mit sich. Ohne eine Konkurrenz für den industrialisierten, produzierenden Norden zu sein wurde die Stadt der geeignete Boden für dessen Spekulationen. Hier herrschte das Geschäft, die Chimäre des schnellen Reichtums und Erfolgs, die Stadt bot genug Platz für Wohnungen und Garçonnièren. Die Räume waren eingerichtet nach den Bildern Hans Makarts und den Fotos von Mariano Fortuny mit Tierfellen, Teppichen, Palmen Paravents, Fächern, pastellfarbigen Trockenblumen. «Roma bizantina» wurde das Rom dieser Jahre genannt, um diesen ausladenden und frivolen Geschmack zu bezeichnen. Gesucht war aber etwas anderes. Von der neuen Hauptstadt Italiens wurde zugleich erwartet, daß sie vor allem kul turell die führende Rolle übernehmen würde, die Italien vom Vorwurf der Provinzialität befreien sollte. In der Größe des vergangenen, imperialen Roms wollte die Stadt das Symbol einer Nationalidee finden. Mit Rom meinte man das jahrtausendalte Rom, das Symbol für «Gerechtigkeit», «virtus» oder «humanitas», es bedeutete das Imperium oder die «Freiheit», das «Vaterland» und «Italien» – wohlklingende Worte, hohe Ideale. Träume vom klassisch-lateinischen Rom und dem Italien mit Tradition und Prestige wachten wieder auf und machten aus Rom die Stadt, die dies alles repräsentieren sollte. Man wollte das «Roma imperiale» und bekam dafür das «Roma bizantina».[30]

In dieser Situation voll von Widersprüchen wurde eine Generation junger Literaten aktiv, die, obwohl darauf bedacht, an die alte, lateinische Tradition anzuknüpfen, sich zu den Befürwortern einer «revolutionären Haltung» erklärten, aristokratischer und antibourgeoiser Prägung mit nationalistischen Bestrebungen. Sie begannen sich um 1883 der Gruppe «In Arte Libertas» anzuschließen, die sich später um 1884 im Caffè Greco, unterhalb der Piazza di Spagna, regelmäßig traf. Ihr gehörten Literaten und bildende Künstler an, und D'Annunzio zählte bald zu ihren Mitgliedern. Die Gruppe vertrat einen radikalen Ästhetizismus. Geldgier, schneller Reichtum, Unverständnis für die Kunst wurden der Bourgeoisie vorgeworfen und daraus – als Reaktion – eine elitäre Kunstauffassung abgeleitet, die bewußt auf das Verständnis des ‹gemeinen› Publikums verzichten wollte. «In Arte Libertas» machte Arthur Schopenhauer, Richard Wagner, die englischen Ästheten Walter Pater und John Ruskin in Italien bekannt. Ruskin hatte mit der Aufwertung der italienischen Maler vor Raffael – Giotto, Fra Angelico – in seinem ersten Buch «Modern Painters» (1884) das programmatische Stichwort geliefert für die englische Kunstbewegung der Präraffaeliten. Dank «In Arte Libertas» nahm Italien gegen 1884 zum erstenmal Kenntnis von dieser englischen Bewegung, und ihre Maler begannen selbst, die Präraffaeliten zu imitieren. In der Haltung der Anhänger von «In Arte Libertas» verband sich ein reformatorisches Moment gegen eine bloß akademische Kunst mit romantischen Zügen und ethisch-moralischen Idealen.

Sie versammelten sich in Rom um den Verleger Angelo Sommaruga – den intellektuellen Angelpunkt dieser Periode, der ihnen mit seinen Zeitungen als Sprachrohr diente. Der Sohn eines reichen Holz- und Kohlenhändlers aus Sardinien kam mit 24 Jahren nach Rom, als ein in Sardinien und Mailand gescheiterter Zeitungsverleger. Durch betonte graphische Präsentation, durch den Konversationscharakter einiger Rubriken, die Auswahl von Themen wie mondäne Chronik, Mode und galante Erzählungen und eine aggressive Reklame sorgte er für weite Verbreitung seiner Blätter. Sommaruga war auch bereit, seinen jungen Autoren mehr zu zahlen als andere Zeitungen. Er setzte auf schnelle, elegante, freche Wirkung, er scheute nicht den Skandal, um seinen Büchern und Autoren

Popularität zu verschaffen. Diese Methode hatte schlagartig Erfolg. Das Monopol der Verleger aus dem Norden, Treves in Mailand und Zanichelli in Bologna, war hiermit gebrochen.

Bei Sommaruga hatte D'Annunzio 1882 *Terra Vergine* veröffentlicht, neun kurze Studien, Momentaufnahmen des einfachen Volks, die sich am Naturalismus Émile Zolas orientieren, in einer Prosa, die die Kritiker als einen «sensuellen, farbigen Realismus» beschrieben. Fast gleichzeitig erschien *Intermezzo di rime*, eine Gedichtsammlung, die stark von der Lektüre der dekadenten französischen Dichter Baudelaire und Gautier beeinflußt war. D'Annunzio schrieb von Träumen und erotischen Visionen, die er mit endzeitlichen Tönen über den Tod der Dichtung vermischte. Dem ursprünglichen Vitalismus der ersten Gedichte folgte jetzt eine dekadente Haltung, die sich auch in einer eindeutigen Wandlung seines Erscheinungsbildes widerspiegelte. Während einer Schiffsreise nach Sardinien, die er mit Freunden unternahm, berichtete D'Annunzio von *trüben Zuständen der Sinnlichkeit*. Nach Rom zurückgekehrt fand ihn Scarfoglio wie verwandelt, «eitel und geziert». Er, «der immer nur eine dunkle Jacke und eine Krawatte aus weißen Atlasstoff trug», erschien jetzt «aufgeputzt und parfümiert». Vor allem die Frauen, schreibt Scarfoglio, wurden «von einer morbiden, romantischen Bewunderung befallen angesichts dieses zivilisierten, wilden Kleinen, angesichts jenes Hündchens mit einem Seidenschleifchen am Hals»[31]. *Das Lob berauschte mich*, sagte D'Annunzio rückblickend über diese Zeit. *Alle Türen wurden mir geöffnet; ich ging von einem Triumph zum andern, ohne je einmal zurückzublicken... ich veröffentliche einen kleinen Versband mit dem Titel «Intermezzo di rime», in dem alle Wollust besungen wurde, mit großen plastischen Versen und einer tadellosen Prosodie... die ihresgleichen nur bei den lasziven Dichtern des XVI. und XVII. Jahrhunderts findet, bei Aretino und Marino.*[32] Wieder blieb D'Annunzios literarische Produktion nicht unbemerkt. Diese Gedichte wurden als «amoralisch» und pornographisch verrissen, ausgerechnet von jenem Kritiker Chiarini, der ihn zum vielversprechenden jungen Dichter ernannt hatte.

Die Sekundärliteratur spricht immer davon, daß D'Annunzio Rom in kurzer Zeit erobert hat. In der Tat, mit 21 Jahren gelang es ihm, durch Heirat in die römische Aristokratie aufgenommen zu werden. D'Annunzio lernte in Rom bald Maria Hardouin di Gallese kennen, seine zukünftige Ehefrau. Der gesellschaftliche Klassenunterschied war sehr groß – er war ein Dichter und Journalist in den Anfängen und mit Schulden, sie gehörte zum römischen Hochadel, ihre Mutter war Hofdame der Königin Margherita. Der Vater Marias, ein Unteroffizier der französischen Husaren, 1849 nach Rom geschickt, hatte die Duchessa Lukretia d'Altemps in erster Ehe geheiratet und nach ihrem Tod die zwanzig Jahre jüngere Natalia, die einen literarischen Salon im Palazzo D'Altemps, nahe der Piazza Navona, führte. Die erste Liebesbeziehung mit der zarten, blond-

1882 in Rom

gelockten Maria soll D'Annunzio im Gedicht, das am 16. Mai 1883 in «Cronaca Bizantina» erschien, *Il peccato di maggio* (Die Maisünde), später im Gedichtband *Intermezzo* festgehalten haben.

Der Vater, der offensichtlich seinen eigenen Aufstieg durch Heirat schnell vergessen hatte, billigte die Entscheidung seiner Tochter nicht. Als Maria schwanger wurde, meinte das Paar, die entstandenen Probleme durch gemeinsame Flucht lösen zu müssen. Die Episode endete wenig romantisch, sie wurden in Florenz von der Polizei festgehalten und nach Rom zurückbegleitet. Die nun unvermeidliche Heirat am 28. Juni 1883 fand ohne Marias Vater statt, und erst viel später nahm er wieder Kontakt zur Tochter auf. Wegen finanzieller Schwierigkeiten reiste D'Annunzio darauf mit seiner Ehefrau nach Pescara, um dort den Sommer und den Winter zu verbringen. Am 13. Januar 1884 wurde in Pescara ihr erster Sohn Mario geboren. Mit 21 Jahren ist D'Annunzio Vater geworden. Die Ehe wurde nicht glücklich, Maria selbst erzählte später, als sie getrennt von ihrem Mann in Paris lebte, sie hätte lieber ein Buch von D'Annunzio kaufen sollen, als den Dichter zu heiraten. Die Schriftstellerin Matilde Serao, Ehefrau von Edoardo Scarfoglio, dem späteren Direktor der neapolitanischen Tageszeitung «Il Mattino», bei der 1892 D'Annunzio ein wichtiger Mitarbeiter sein wird, beschreibt Maria d'Annunzio als eine «delikate, fragile» Figur, «ein Pastell aus dem XVIII. Jahrhundert, die die Liebe in eine Umgebung mitgerissen hatte, die nicht die ihre war. Eine Umgebung, die sie vielleicht unterdrückte, die sie aber akzeptierte, weil es die Welt ihres Mannes war.»[33]

Im November 1884 stellte der Prinz Maffeo Sciarra Colonna, Verleger des eher zweitrangigen Tagesblatts «La Tribuna», das er nach dem Vorbild Sommarugas grundlegend verändern wollte, D'Annunzio als Zeitungsredakteur ein. Damit waren vorerst die finanziellen Sorgen des jungen Ehepaares gelöst. Vier Jahre lang, bis zum August 1888, blieb D'Annunzio fester und berühmtester Mitarbeiter der Zeitung. In «La Tribuna» richtete er Rubriken mit kurzfristig wechselnden Themen ein wie: Cronache Romane, La vita a Roma, L'Arte a Roma, Piccolo Corriere, Cronache della Moda. Selten unterschrieb er mit seinem Namen, meistens nannte er sich Il Duca Minimo, im übrigen erfand er phantasievolle Pseudonyme wie Bull Calf, Happemouche, Lila Bisquit, Miching Mallecho, Puck, Oyster, Conte di Sostene, Vere de Vere, Mario de'Fiori. Die Kolumnen waren alltäglichen Themen gewidmet: er berichtete über die Herbst- und Sommermode, über Einkaufsbummel im Zentrum von Rom, über schöne Frauen in Pelzmänteln, die in den Winternächten eilig in Coupés verschwinden, über Glanz und Glitzern von Kleidern und Schmuck bei Hofbällen oder Theaterpremieren. Dabei bestach er durch die Sorgfalt der Beschreibung: ein Supermarkt der Themen und Namen, ein ganzer Fundus wurde hier offengelegt, aus dem er später für seine Prosa schöpfen konnte. Es war allein sein Stilgestus, der dieses Pastiche prägend ordnete, mischte und verwaltete.

Atlasstoffe, Brokate, Orientteppiche, Pfauenfedern, Federkissen, dazu die Farben Rot, Blaßrosa und Violett, das war die Art Einrichtung, die Ende des 19. Jahrhunderts in den großbürgerlich-aristokratischen Kreisen Roms vorherrschte. Bric-à-brac (Junk auf englisch) heißt das Wort, das diesen Überfluß an Ornament und Dekor treffend bezeichnet. D'Annunzio machte aus dem bric-à-brac ein Muß, eine Manie, wurde

Die Ehefrau Maria Hardouin di Gallese

dessen bester Repräsentant und dessen Protagonist. Das Diktat des modischen Geschmacks erweiterte er ‹kosmopolitisch›, indem er den Japonismus, die Vorliebe für Fern-Östliches, in Rom einführte, ebenso die Vorliebe für das präraffaelitische Frauenideal mit den schweren langen roten Haaren, den langen Hälsen, den leidenden, doch leidenschaftlichen Gesichtern, wie sie der Maler Dante Gabriel Rossetti porträtierte.

Schon eine Reihe von Rezensionen zu Kunstausstellungen, 1883 in der

Zeitung «Fanfulla della Domenica» erschienen, zeigte den mondänen Journalisten, aber auch den Kunstkritiker, den Verfechter und Verbreiter neuer Ideen und Kunstrichtungen für Italien. Er rezensierte in seiner Zeitung zeitgenössische italienische Kunst, sein Interesse galt der Malerei im Freien – «en plein air» –, die er gegen die Salonmalerei stellte, und den fin de siècle-Bildern Gustave Moreaus und des englischen viktorianischen Malers Sir Lawrence Alma-Tadema, dem er zwei lange Artikel im «Fanfulla della Domenica» 1884 widmete. Dieser residierte in London in einem mit antiken Spolien ausgestatteten Marmortempel. Seine klassizistische Bilderwelt spielte sich in Innenräumen ab. Er placierte Figuren seiner Zeit in antikisch-pompejanische Intérieurs, sie wirkten statuarisch mitten in detailgetreu abgebildeten Leopardenfellen, Marmorbänken und anderen edlen Materialien. D'Annunzio hatte ihn erstaunlich früh entdeckt und in seiner Zeitung rezensiert. Er hatte auch recht früh das wichtige englische Buch über den Ästhetizismus in der Kunst gelesen, William Hamiltons «The Aesthetic Movement», in London 1882 erschienen. Regelmäßig verfolgte er auch Joris-Karl Huysmans' Kunstkritiken, im Jahre 1883 gesammelt und als Band unter dem Titel «L'Art moderne» erschienen. Der Journalist D'Annunzio rezensierte außerdem in Italien beinahe gleichzeitig die neuesten Erscheinungen der französischen Literatur.

Im Gegensatz zur kritischen Äußerung Scarfoglios, D'Annunzio habe in seiner ersten Zeit in Rom nur Bälle und Dinners besucht, «ohne je ein Buch zu lesen, einen eigenen Gedanken zu haben», zeugen diese Artikel von einer aufmerksamen Lektüre zeigenössischer englischer und französischer Autoren. Er war über die letzten Erscheinungen und die neuesten literarischen Zeitschriften in Paris gut informiert und berichtete darüber in «La Tribuna» – ein unermüdlicher Leser mit erstaunlicher Aufnahmefähigkeit und sehr gutem Gedächtnis. Nicht selten lieferte er aber auch Artikel ab, in denen ganze Passagen aus gerade gelesenen Büchern stammten, aus kurz davor erschienenen Artikeln von französischen Zeitschriften wie der «Revue Blanche», der «Revue Indépendante», der «Revue Wagnérienne» – eine Methode, auf Plagiate zurückzugreifen, um dem täglichen Schreibdruck zu entgehen? Getreu dem Wunsch seines Vaters, der ihn von den Abruzzen fernhalten wollte, solange er nicht Toskaner geworden war, also solange er sich nicht entfremdet hatte, nahm D'Annunzio aus der europäischen Kultur alles auf, was ihm als dernier cri erschien.

Die letzten Moden kamen damals nach Italien alle durch Frankreich. D'Annunzios Berichte waren ihrem Inhalt nach nicht immer anspruchsvoll, in ihrem Ton wirkten sie kokett und Beifall heischend. Sie bleiben aber das Dokument einer hochgestellten römischen Gesellschaft, die sich pariserisch gebärden wollte, ein Ehrgeiz, den ihr prominentester Chronist stillte mit Zitaten aus dem Französischen, die er fleißig in seine Texte einstreute: Zitate von Théophile Gautier, Baudelaire oder vom Romancier und Kulturkritiker Paul Bourget, dem französischen Psychologen der décadence, der in den römischen Kreisen als «aristokratischer Schriftsteller» galt. Und die Lektüre der Franzosen – Flaubert, Baudelaire, Gautier, Mendès – spornte D'Annunzio zur Nachahmung an, zu Gedichten und «magischen Novellen», die er in derselben Zeitungskolumne veröffentlichte und die, gegenüber seinen «mondänen Reportagen», zur «hohen Literatur» zu rechnen sind. Der raffinierteren, folgenträchtigeren décadence eines Rimbaud, Lautréameont oder Mallarmé blieb er freilich immer verschlossen. Als Journalist, als Auftragsschreiber erlebte D'Annunzio noch nicht die Spaltung zwischen der sogenannten Literatur und dem für Konsum und schnelles Lesen bestimmten Produkt. Durch die Schnelligkeit, mit der D'Annunzio die letzten Moden aus Europa nach Italien importierte, nahm er mit seinen Themen Identifikationsbilder nicht nur für die Aristokratie vorweg, sondern auch für eine aufsteigende Mittel- und Großbourgeoisie und machte sich gleichzeitig zum Kulturprediger, zum Vorbereiter von Moden. Vorbilder werden für eine junge Nation geschaffen, die aufholen will. Ein Markt der Bedürfnisse wird gleichzeitig mit dieser Strategie vorbereitet, den D'Annunzio später mit seinen ersten Romanen glänzend bedienen kann. Popularität verschafft er sich – bei den Frauen zum Beispiel, die er als Lesepublikum besonders erkannt hat, weil er mit seinen mondänen Mythen und seiner eleganten Pornographie Lesestoff für gelangweilte Gattinnen bietet, für all die Emma Bovarys der Hauptstadt. Für die Intellektuellen führt er den Kampf für Kosmopolitismus gegen den ‹proletarischen› Realismus, gegen schlechten Geschmack und schlechte Mode und stilisiert sich hiermit selbst zum Schiedsrichter des Guten und Schönen.

Die antinaturalistische Ästhetik, die er verbreitete, entsprach einem breiten Bedürfnis in der italienischen Bourgeoisie. In die neu aufgeflammte Diskussion über und gegen den Realismus/Naturalismus drängen sich neue Vorstellungen über die Realität. Die Traumbilder der Kunst stehen gegen die Realität. Die geschmückte Welt der Präraffaeliten oder eines Gustave Moreau können auch der italienischen Hochbourgeoisie und Aristokratie die ersehnte Ausflucht bieten, sich dem gescheiterten Positivismus, der häßlichen Industrialisierung, der drohenden Vermassung zu entziehen.

Neben den Zeitungsartikeln veröffentlichte D'Annunzio die Novellensammlungen *Il Libro delle Vergini* und *San Pantaleone* (1886), beide enthalten Erzählungen aus den Abruzzen, und schließlich den Versband *Isaotta Guttadauro*, eine elegante, ziselierte Lyrik mit Zeichnungen bekannter symbolistischer Malerfreunde. Unter ihnen waren Giuseppe Cellini, den D'Annunzio schon 1885 als jungen präraffelitischen Maler bezeichnet hatte, und Giulio Aristide Sartorio. Beide gehörten zu der Gruppe «In Arte Libertas». Die drei nackten Frauen, die auf dem Umschlag von *Il Libro delle Vergini* abgebildet waren, hielt D'Annunzio angeblich damals für anstößig. Ein Werbetrick? Im Oktober 1884 erschien in den römischen Zeitungen eine Erklärung von ihm und seinen Schriftstellerfreunden, in der sie sich von ihrem Verleger Sommaruga trennten, der für die Umschlaggestaltung verantwortlich gewesen war. Es kam zum Prozeß, den der Verleger verlor. Er verließ römischen Boden und mußte nach Amerika auswandern.

Die *Elegie Romane* (1887), ein Gedichtband, der besonders Rom und Spaziergänge in verlassenen Patriziervillen zum Gegenstand hat, führte D'Annunzio ausdrücklich auf die glückliche Zeit mit seiner neuen Liebe Barbara zurück. Dem Gedichtband war ein Distichon aus Goethes «Römischen Elegien» vorangesetzt: «Eine Welt zwar bist du, oh Rom; doch ohne die Liebe / Wäre die Welt nicht die Welt, wäre denn Rom auch nicht Rom.» Die neue Liebe hieß Elvira Natalia Fraternali, vom Dichter jedoch Barbara, Barbarella, Jessica und Ippolita genannt. Sie war eine Römerin aus kleinbürgerlicher Familie, die früh geheiratet und nach wenigen Wochen ihren Ehemann Ercole Leoni verlassen hatte, um zu ihrer Familie zurückzukehren – ein eigensinniges Verhalten, das damals sehr ungewöhnlich war. Sie wird als schön und provozierend beschrieben:

Titelblatt für
«*Il Libro delle Vergini*»

Fotovorlage zum Titelblatt für «Il Libro delle Vergini»

dunkel, groß, intelligent, mit einem Sinn für Musik und Dichtung. Um sich mit ihr zu treffen, hatte D'Annunzio eine Garçonnière in der Via Borgognona gemietet und sie nach dem eklektischen Geschmack des bric-à-brac eingerichtet. Fünf Jahre lang hielt die Leidenschaft zwischen

Der Sohn Mario

beiden. In der Zeit hatte D'Annunzio von seiner Ehefrau Maria den zweiten und dritten Sohn bekommen, Gabriellino und Veniero. Ein regelrechter Briefwechsel zwischen D'Annunzio und Barbara Leoni ermöglicht einen tiefen Einblick in dieses Verhältnis, aber auch in den Verlauf der nächsten Schaffensphase.

Schon seit langem wollte D'Annunzio den Journalismus aufgeben: *Ich würde gern auf die Welt und auf ihren Luxus verzichten.* Er will sich auf eine lange und für ihn *lebenswichtige Arbeit* konzentrieren. Am 30. August 1888 hörte er mit der Tätigkeit als Zeitungsredakteur auf und zog sich nach Francavilla zurück, in das Kloster-Atelier von Francesco Paolo Michetti. Bevor er Rom verließ, selbst eine verlassene Stadt im Sommer, schrieb er an Barbara von seinen einsamen Tagen, vom Augustgewitter über Trinità dei Monti, von seinem Liebesverlangen. Er beschreibt sich als seufzendes Kind, vermischt seine Sätze mit Zitaten von Shelley – Worte eines Abschieds, der schriftlich doch leichter fällt: *Ich küsse Deinen Mund, bin durstig, sehr durstig... ich denke, ich träume davon, daß Du Dich über mich beugst, wie damals, und von Deinem Mund zu meinem einen kühlen, lebhaften Strahl Wassers fließen läßt, der sich in meinen Adern verbreitet, wie ein wunderwirkendes Elixier.*[34] Die gleiche Episode, die einige Jahre später in seinem Roman *Il Trionfo della morte* (*Der Triumph des Todes*) auftaucht, liest man schon in Maupassants «Une Vie»: Kunst und Leben zeigen ihre Wechselwirkung!

Im Kloster-Atelier schrieb D'Annunzio seinen ersten, jenen dekadenten Roman *Il Piacere* (*Lust*), der ihn rasch über die Grenzen Italiens bekannt machen wird. In sechs Monaten wurde der fast 300 Seiten starke Roman beendet: dank Zurückgezogenheit und disziplinierter täglicher

Der Sohn Veniero

zehn- bis fünfzehnstündiger Arbeit am Schreibtisch. Die Arbeit fiel ihm nicht leicht.

In den Briefen an Barbara ist diese Arbeitsphase genau zu verfolgen. D'Annunzio schrieb ihr täglich, Briefe zu verfassen bedeutete für ihn oft Einübung zum eigentlichen Schreiben. Er gab immer die genaue Uhrzeit an, beschrieb alle Details seines Zimmers: er schloß die Außenwelt aus, hatte das Zimmer wieder mit weißem Oleander dekoriert, er brauchte den starken Duft zur Anregung, um sich in fieberhafte Zustände zu versetzen. Die Imagination bezeichnete er als seinen Henker, Eifersucht und Verlangen wurden bewußt gegeneinander gesteigert, und so kam die Arbeit am Roman gut voran. Das fertige Manuskript schickte er Anfang 1889 an den mailändischen Verleger Emilio Treves, der ihm vom Freund Michetti in Rom vorgestellt worden war, mit folgendem Begleitbrief: *Ich habe Ihnen «Lust» zusenden lassen... ich möchte, daß der Roman mit höchster Eile gedruckt wird. Man darf den günstigen Augenblick nicht verpassen.*[35] Ungeduldig kündigte er in «La Tribuna» seinen ersten Roman an, setzte Freunde für Vorrezensionen an, aber die Drucklegung verzögerte sich.

Der Roman *Lust*, Francesco Paolo Michetti gewidmet, hat zwei Protagonisten: den Grafen Andrea Sperelli und die Stadt Rom. Andrea Sperelli ist zweifellos der berühmteste «décadent» der italienischen Literatur, ein Geistesverwandter von Oscar Wildes Dorian Gray, von Huysmans' Des Esseintes aus dem Roman «À Rebours» («Gegen den Strich»), der aus Überdruß an der Welt sich in eine Gegenwelt der Künstlichkeit völlig zurückzieht. Andrea Sperelli dagegen, der eindeutig autobiographische Züge trägt, ist elegant, sensibel, liebt den Luxus. Andrea Sperelli liest Keats, Shelley, Baudelaire, Shakespeare, er liebt die italienischen Primitiven und Carpaccio, Giorgione, Leonardo, die großen Maler des 18. Jahrhunderts, Reynolds und Gainsborough. Er ist Dichter und Maler, ein Ästhet, ein Sammler und Genießer von Kostbarkeiten, *von grenzenloser Sinnlichkeit*, ausgeprägtem Egoismus und von Schwermut getroffen. Er ist ein Vertreter *jener besonderen Klasse des italienischen Adels, die in der grauen Sintflut der heutigen Demokratie zu verschwinden droht.* Der Narziß erlebt gerade eine unglückliche Liebe mit der schönen Elena Muti und vor allem eine existentielle Krise. Er ist ein scheiternder Held, ein Sammler, der ‹Ruinen› akkumuliert. Die Schlußszene, in der die Wohnung Elenas von Möbelpackern leergeräumt wird, versinnbildlicht Sperellis Scheitern.

Während der ersten Hälfte des Romans folgt man den Spaziergängen der Liebenden durch römische Landschaften, die der Stimmung der Seele entsprechen. Die Handlung tritt zugunsten der Darstellung von Empfindungen und Gedanken zurück. Traditionelle Schilderungen von Ereignissen stehen neben Ich-Erzählung und Tagebuchform. Man liest genaue Beschreibungen von Kunstwerken und Architekturen. Die psychologi-

Nach dem Bad in Francavilla al Mare

schen Gemütsregungen konkretisieren sich in den minuziös beschriebenen Gegenständen der Wandteppiche, Vasen und Bilder. Das barocke Rom der Päpste dient dem Geschehen als ein hortus conclusus der Leidenschaft: die Stadt als Gefängnis, als Garten Eden, die Stadt als verlas-

sene Öde im Sommer. Sie wird in den verschiedenen Jahreszeiten beschrieben. Immer wieder ist die Stadt gegenwärtig, das Rom der Villa Medici, der Piazza Navona und Piazza di Spagna, *der schönsten Treppe der Welt*, in deren unmittelbarer Nähe Andrea wohnt, in jenem Palazzo Zuccari, der heute Sitz der deutschen Kunsthistorischen Bibliothek Hertziana ist.

Der Roman, 1888 geschrieben, spielt im Jahre 1884, als in Rom sich die Liebe zum bibelot und bric-à-brac fast bis zum Exzeß verbreitet hatte

*Im Studio
in Francavilla*

Dieser Roman hatte einen ausschlaggebenden Einfluß auf den Einrichtungsgeschmack seiner Generation: zwischen 1895 und 1910 herrschte unter der reichen italienischen Bourgeoisie nicht der Makart-Stil, sondern der dannunzianische. Als ein eigentümlicher Versuch, Literatur und Leben zu verbinden, mußte der Einfall D'Annunzios wirken, die Zeichnungen Andrea Sperellis, von denen im Roman die Rede war, tatsächlich im Dezember 1889 anfertigen zu lassen: *... die Zeichnungen sollen im Schaufenster ausgestellt werden, wie eine Kuriosität, wenn der Name Spe-*

relli schon bekannt sein wird. Wir machen eine limitierte Auflage und werden sie mit einem gewissen Geheimnis verkaufen. Der Gewinn geht ganz zugunsten der Werbung für den Roman, denn der seltene Radierer ist eben der Held des Romans.[36]

Vom Einsenden des Manuskripts im Januar bis zur Drucklegung am 12. Mai vergingen vier Monate regen Briefwechsels mit Emilio Treves. Noch bevor der Verleger den Roman lesen konnte, hatte D'Annunzio von ihm 25 Prozent vom Verkaufserlös verlangt; als er sich schließlich mit 15 Prozent zufrieden geben mußte, erklärte er: *Ich gebe Ihnen gern diesen Roman, weil Ihr Verlag der einzige ist, der ein Buch lancieren und verbreiten kann. Die Faulheit der anderen Verlage erschreckt mich. Daher wäre ich bereit, ein finanzielles Opfer aufzubringen, um mein Buch gut gedruckt und verbreitet zu sehen.*[37]

Unter dem Eindruck des großen Romanerfolgs wollte D'Annunzio den günstigen Augenblick nutzen, um vorhandene und neue Gedichte zu lancieren. Das Projekt wuchs in seinem Kopf während des gemeinsamen Urlaubs mit Barbara in den Abruzzen, in einem alten kleinen Bauernhaus, *mit Orangen- und Obstbäumen, und unten ist das Meer... wie in einem buen retiro heiliger Einsiedler*[38]. Den Ort finden wir in *Der Triumph des Todes* wieder. 1889 erschien ein Band mit dem Titel *Gedichte* und dem Untertitel *L'Isotteo – La Chimera*.

Die Poesie dieses Lyrikbands, im Stil der toskanischen Dichter des Quattrocento, betonte ganz besonders die verfeinerte, dekorative Komponente seiner Dichtung. In dieser Gedichtsammlung befinden sich die berühmt gewordenen Verse D'Annunzios: *Oh Dichter, heilig ist das Wort... und der Vers ist Alles. Der Vers ist Alles*, das hatte auch Andrea Sperelli in *Lust* wiederholt: *In der Nachahmung der Natur ist kein Kunstmittel lebendiger, beweglicher, schärfer, verschiedenartiger, reicher, plastischer, gehorsamer, empfindsamer, treuer.*[39] D'Annunzio, der diesen Gedanken in seinen späteren Werken des öfteren wiederaufnahm, verkündete hiermit seinen Glauben an das Wort. Es sollte die ganze Realität enthalten, die Welt würde nur durch das Wort existieren, die menschliche Realität gehe nur in der Kunst auf, welche die Natur nachahmt. Im Gegensatz zum dekadenten Grafen Des Esseintes vereinte sich Andrea Sperellis Überdruß am Leben mit einem Affekt an Vitalität und Kraft, der jedoch nicht ausgelebt wurde. Gerade durch diesen letztlich doch vorhandenen Vitalismus entfernte sich allmählich D'Annunzios Poetik von den endzeitlichen Stimmungen der Décadence: so sein Credo. Begriffe wie Vitalität und Kraft begannen die für den Naturalismus bezeichnenden Theorien über Vererbung und Milieu zu verdrängen. D'Annunzios Ästhetizismus läßt sich nicht nur aus der Übersättigung durch Kultur oder aus einer verborgenen Lebensangst ableiten. Der Gegensatz Kunst und Leben ist zwar bei D'Annunzio als Problem angedeutet, er wendet sich jedoch ungleich stärker dem Leben zu, das er durch seine Kunstschöpfungen gestalten will.

Gabriele d'Annunzio war inzwischen 26 Jahre alt geworden und konnte den Militärdienst, *das Unglück*, nicht mehr hinausschieben. Seit dem 1. November 1889 war er Freiwilliger im 14. Regiment der Cavalleria Alessandria. Als Freiwilliger durfte er statt achtzehn Monate nur ein Jahr Militärdienst leisten, das betrachtete er trotzdem als *den Tod, den Selbstmord*. Der zukünftige Kriegsheld hatte große Schwierigkeiten mit der militärischen Disziplin und Strenge. Am meisten litt er unter mangelnder frischer weißer Wäsche und am fehlenden Parfum. Der Freund Michetti, den er um Hilfe gebeten hatte, erwiderte ihm, ein wirklicher Herr müßte auch ein Mustersoldat sein. Schließlich gelang es D'Annunzio mit der Zeit, Vergünstigungen in der Kaserne zu bekommen. Als er, man sagt wegen Neurasthenie, eine Zeit ins Militärkrankenhaus eingeliefert wurde, durfte er zum Schreiben und Lesen – so berichtet sein Arzt – das Zimmer der Offiziersärzte benutzen, das er mit weißen und roten Rosen schmückte. Mit Leichtigkeit durfte er sich des öfteren krankschreiben lassen, um Barbara besuchen zu können.

Nach Beendigung des Militärdienstes wurde das Leben in Rom nicht einfach. D'Annunzio zog endgültig aus dem ehelichen Haus aus und bezog die Garçonnière in der Via Gregoriana 5, wo er sich schon lange regelmäßig mit Barbara traf. Er wohnte jetzt in der gleichen Straße, in der sich der Palast des Andrea Sperelli aus *Lust* befand, und lebte großzügig bis verschwenderisch. Aber der echte Dandy D'Annunzio hatte es mit dem Leben schwerer als Andrea Sperelli. Er hatte sich während des Militärdiensts die Malaria zugezogen, litt noch unter Fieberanfällen. Gegen Weihnachten 1890 hatte er den totalen finanziellen Zusammenbruch seiner Familie erlebt. Die Kurznovelle *Giovanni Episcopo*, die er schnell verfaßte, um Geld zu verdienen und um die wachsenden Schulden zu bezahlen, blieb erfolglos. Unter der Last der Schulden, müde und krank mußte D'Annunzio im März 1891, an einem verregneten Tag, Rom verlassen. Seine Wohnungseinrichtung, die Sofas, reichen Stoffe, persischen Teppiche, japanischen Teller, Bronzen und Elfenbeinarbeiten, *all jene unnützen, schönen Gegenstände, die ich liebe*[40], die er in seinen Artikeln und im Roman beschrieben hatte, wurden beschlagnahmt und verkauft. Eine Erfahrung, die er in seinem Leben mehrmals machen wird. Er hatte alles verloren, was er angesammelt hatte.

Ich weiß nicht, ob ich Dir schon erzählt habe, daß die Novelle mit dem Titel «Tullio Hermil» nun... ein Roman geworden ist und daß ich fast fertig bin. Der Roman trägt den Titel «L'Innocente» (Der Unschuldige) und wird sofort von den Brüdern Treves gedruckt, schreibt D'Annunzio von Francavilla aus an Barbara am 10. Juni 1891. *Viele Seiten sind von einer tiefen Zärtlichkeit, sie enthalten etwas von uns, von Dir ganz besonders. Der Stil ist schlicht, aber heftig.* (16. Juni 1891) Seinem Verleger teilt er mit: *Lieber Don Emilio, «Der Unschuldige» ist als Roman neu, völlig neu, sowohl im Aufbau als auch im Stil... und er könnte auch jener bêtise agglomerée gefallen, das Publikum heißt.*[41] Nach vier Monaten, zwischen April und Juli 1891, hatte D'Annunzio, auch diesmal in der Abgeschiedenheit des Klosters seines Malerfreundes Michetti, diesen 400 Druckseiten starken Roman beendet. Er sandte ihn Treves zu mit der Bitte um eine umgehende Vorauszahlung von 2000 Lire und dem Angebot, unter dem Titel *Die Romane der Rose* eine Trilogie zu schreiben, deren zweiter Roman *Der Unschuldige* sein sollte.

Wie im Roman *Lust*, diesmal jedoch eindeutig psychologischer angelegt, ist auch hier das Thema die persönliche Krise eines vielseitig begabten Ästheten, Tullio Hermil, der überzeugt davon ist, ein auserwählter Geist zu sein. Im Mittelpunkt stehen diesmal aber nicht die ästhetisierenden Züge eines des Lebens überdrüssigen Aristokraten, sondern vielmehr die Selbstbeobachtungen und Empfindungen einer Person, Tullio Hermils. Sein Bekenntnisdrang wird vorgeführt in der Form der Ich-Erzählung, sein Innenleben wird mit mikroskopischer Genauigkeit beschrieben. D'Annunzio knüpft hiermit an eine Darstellungsweise an, die zusammen mit der Form des Tagebuchs die Literatur der Jahrhundertwende beherrscht. Ausgehend von «Fragment d'un journal intime» des Henri-Frédéric Amiel waren Formen wie Tagebucheintragungen, Wiedergabe von Gedankengängen und innerer Monolog die Antwort auf die Diskussion über die Krise des Romans, in diesem Fall des naturalistischen Romans mit seiner bloßen Darstellung von Geschichten und Liebesintrigen.

Das Leben erscheint Tullio Hermil wie *eine ferne, verworrene, unbestimmt ungeheuerliche Vision*[42]. Und wenn er hemmungslos seine Sinnlichkeit auszuleben scheint, so leidet er doch darunter, seine kranke Ehefrau Juliane zu betrügen, die Güte Julianes belastet ihn nur noch. Erst der Verdacht auf eine Affäre seiner Ehefrau läßt seine Leidenschaft für sie wieder aufflammen, sie wird sogar durch ihren kränklichen Zustand gesteigert: *Der alte Wüstling wurde wieder in mir lebendig... Ein einfacher psychologischer Vorgang veränderte vollständig mein moralisches Gefühl, gab meinen Gedanken eine völlig neue Richtung, machte einen völlig anderen Menschen aus mir.*[43] Am Ort gemeinsamer alter Erinnerungen – in Tullios verlassenem Landhaus Villalilla – treffen sich die beiden als Liebende wieder. Der Anblick der Schwalben vor den alten Hausmauern versetzt sie in einen entrückten Zustand: *Die Schwalben blieben für Augenblicke am Eingang schweben; andere hielten sich mit ausgebreitet schimmernden Flügeln; andere flogen zur Hälfte hinein... wieder andere schlüpften von innen halb heraus und zeigten ein wenig ihre glänzende Brust, die rötliche Kehle, andere... bereiteten sich zum Flug vor, schnellten los mit scharfem Schrei.*[44] Flatternde Bewegung um das verschlossene Haus, ein liebliches und stürmisches Schauspiel, sollen dem fiebrigen Zustand der Liebenden symbolisch entsprechen.

Wahrscheinlich wegen des Schlußkapitels fand Emilio Treves den Roman höchst unmoralisch. Den unerwünschten Sohn, der aus der neu entflammten Leidenschaft geboren wird – Tullio hatte gehofft, Juliane würde durch Geschlechtsverkehr das Kind verlieren –, bringt der Vater schließlich um, indem er das Neugeborene, während die ganze Familie bei der Weihnachtsmesse ist, vor dem Fenster der Kälte aussetzt. Emilio Treves sprach von «Obszönität, Libertinage und Sadismus», bemerkte eindeutige Übernahmen aus Tolstojs «Krieg und Frieden» und wollte den Roman nicht drucken. Dazu kritisierte er die einseitige Erzählperspektive, die sich auf Tullio Hermil beschränkte. D'Annunzio war sich dagegen der Modernität seines Romans bewußt, er fand ihn *das moralischste Buch, das seit 50 Jahren je erschienen sei.* Von Tolstoj habe er *nur eine Seite zitiert. Lieber Don Emilio,* schrieb er am 20. August 1891, *Ihr bezeichnet mit dem Ausdruck «eine immer gleichbleibende Erzählperspektive» das, was gerade die größte Einheit meines Werks herstellt. Ich habe genau in allen Einzelheiten einen beispiellosen Fall untersucht; und habe gezeigt, so scheint es mir, wie der neue Roman sein müßte... Die Wiederholungen sind gewollt und haben einen tiefen Kunstsinn.*

Gabriele d'Annunzio, obwohl über die Absage empört, wollte weder den Verleger wechseln noch die geplante Trilogie unterbrechen und den Roman auch nicht verändern. *Der Unschuldige* wurde schließlich in «Il Corriere di Napoli» in Fortsetzungen veröffentlicht. Im April 1892 konnte der Roman dann auch als Buch erscheinen, diesmal bei Bideri (Neapel) und nicht bei Treves, und erreichte die bislang höchsten Auflagen. Er gilt zu Recht in der Literaturkritik als D'Annunzios bester Roman. Er ist aufgebaut als ein innerer Monolog, sprachlich nicht so schwülstig wie *Feuer,* ein Stimmungsroman mit gelungenen Landschaftsbeschreibungen, jeweils Metaphern der Seelenzustände. (Unter dem Titel: «Die Unschuld» hatte Luchino Visconti 1976 diese Geschichte mit großem Erfolg verfilmt.) Triumphierend konnte D'Annunzio Barbara Leoni melden: *«Der Unschuldige» hat einen riesigen Erfolg. Er wird in Paris bei Lemerre im Frühling erscheinen, in einer sehr feinfühligen Übersetzung von Georges Hérelle. «Der Unschuldige» ist aber wahrscheinlich noch nicht mein Meisterwerk. Und ich muß mein Meisterwerk schreiben, noch vor dreißig, wenn ich dann noch lebe. Wie sehr denke ich daran! Und wie bin ich verzweifelt gegenüber all diesen Widrigkeiten, die mir die Kräfte rauben und meinen Geist betrüben.* (5. Januar 1892) Der französische Philosophielehrer Georges Hérelle aus Cherbourg, der italienisch in Neapel gelernt hatte und dort auf D'Annunzio aufmerksam geworden war, hatte begonnen, mit Erfolg einige Kapitel des *Unschuldigen* ins Französische zu übersetzen. Die französische Version erschien zunächst in Fortsetzung in der Zeitung «Temps», dann als Buch mit dem Titel *L'Intrus* 1893 bei Calmann-Lévy. Dies war nur der Anfang von D'Annunzios großem Erfolg in Frankreich. Dort waren bereits vier Bücher übersetzt, als in Deutschland

S. Fischer 1896 die Übertragung von *Der Unschuldige* herausbrachte. Bis 1899 folgten in Deutschland weitere Bände der *Romane der Rose*, sie erreichten alle zweite und dritte Auflage. Der Fischer Verlag veröffentlichte bis 1904 insgesamt elf Übersetzungen D'Annunzios – Romane, Novellensammlungen und Theaterstücke.

Gabriele d'Annunzio, der ursprünglich in Neapel nur die Freunde besuchen wollte, denen er den Roman vorgelesen hatte, darunter Edoardo Scarfoglio und Matilde Serao, blieb schließlich über zwei Jahre. Er führte wieder ein mondänes Leben mit der Aristokratie der Stadt und der großen Künstlerkolonie aus Deutschland, vor allem mit den Wagnerianern, die sich das ganze Jahr über hier aufhielten, unweit von Sorrent, wo Wagner und auch Nietzsche bei Malwida von Meysenbug zu Gast gewesen waren. *Der Unschuldige*, in dem soviel von Barbara enthalten sein sollte, war aber der sizilianischen Prinzessin Maria Anguissola-Gravina Cruyllas di Ramacca gewidmet, einer schönen Frau mit pechschwarzen Haaren und einer seltsamen feuerroten Strähne darin, D'Annunzios neuer Liebe.

Die Dreißigjährige hatte schon mit sechzehn Jahren den Hauptmann der Artillerie Conte Fernando Anguissola di S. Damiano geheiratet. Wegen seines finanziellen Zusammenbruchs war der Graf in sein Elternhaus gezogen und erwartete, daß die Ehefrau und die vier Kinder ihm folgen würden. Maria Gravina folgte ihm nicht und mietete ein kleines Appartement für sich, die Kinder und ein Zimmermädchen. Sie wollte sich scheiden lassen und führte mit D'Annunzio ein offenkundiges Verhältnis. D'Annunzio seinerseits war wieder einmal hoffnungslos verschuldet. Die Gläubiger belagerten das Paar, das aber weiterhin demonstrativ verschwenderisch lebte. Auch Marias Vater hatte der Tochter jede finanzielle Unterstützung gestrichen. Das Paar wurde wegen sittenwidrigen Verhaltens angeklagt, dann aber freigesprochen. Doch Maria mußte ihre Wohnung verlassen und mit D'Annunzio und ihren Kindern in die Villa einer Freundin einziehen. Dort gebar sie 1893 die Tochter Renata, Cicciuzza genannt, die Lieblingstochter D'Annunzios, die mit ihm und Eleonora Duse leben, ihn auch in der Kriegszeit nach Venedig begleiten wird. Maria Gravina indessen führte immer öfter bühnenreife Eifersuchtsszenen in der Öffentlichkeit auf. *Ich habe nicht den Mut*, beklagte sich D'Annunzio, *mich zu wehren, meine Freiheit wieder zu erlangen, nicht den Mut mein Werk zu verteidigen, das Werk, das ich mit mir trage und das ich vollenden muß.*[45] Er sehnte sich nur nach einer endgültigen Trennung, die er aber, wie immer, nicht radikal vollziehen konnte. 1893 war D'Annunzios Vater gestorben, nachdem er die Erbschaft seiner Kinder endgültig verschleudert hatte. 1894 ließ D'Annunzio Maria Gravina mit der Tochter und dem neu geborenen Sohn Dante Gabriele Cruyllas bei seiner eigenen Familie in Pescara zurück und fuhr allein weiter nach Rom.

Der politische Intellektuelle

In den neunziger Jahren erfuhren die sozialistischen Bewegungen in Italien einen enormen Aufschwung, es bildete sich die sozialistische Partei, die Arbeiter formten sich als politische Kraft. Verängstigt empfand die Bourgeoisie diese Ereignisse als eine Bedrohung und antwortete darauf mit der eindeutigen Verschärfung der antidemokratischen Wende. Von den siebziger Jahren an bis zur Jahrhundertwende war der Ministerpräsident Francesco Crispi die politische Figur, die, um die Einheit Italiens und die Monarchie zu konsolidieren, eine Politik vertrat, die auf Macht und Prestige zielte. Der Nationalismus wurde unter seiner Führung aggressiv und expansionistisch. Weil die Einheit Italiens nicht durch ruhmvolle Siege erreicht worden war, erschien den Nationalisten eine militärische Rehabilitierung als dringend notwendig. Vor allem um den Landarbeitern aus dem Süden neues Land zu bieten, sollte Italien sich als Kolonialmacht in Eritrea und Somalia ausbreiten. Aber statt des erhofften militärischen Siegs erlitt Crispi während des Kriegs die vernichtenden Niederlagen von Dogali (1887) und von Adua (1896), die den Nationalstolz zutiefst kränkten. Um so mehr lehnten die Nationalisten den demokratischen Parlamentarismus ab, bejubelten eine oligarchische Regierungsform und eine feudale Führung.

In dieses allgemeine Gefühl der Enttäuschung über nicht verwirklichte politische Ideale, in die verworrenen Gemütsbewegungen nach der nationalen Einigung fügten sich die Ansichten D'Annunzios gut. In diesem veränderten sozialen Klima trat er als intellektueller Führer der antidemokratischen Reaktion hervor, in einer Zeit, in der nicht selten von den Intellektuellen verlangt wurde, eine geistige Überlegenheit in politische Führerschaft umzusetzen. D'Annunzio sprach von einer Krise der historischen Ideale, prangerte den Positivismus an, prophezeite das Heraufkommen einer neuen Wahrheit, wies auf die Notwendigkeit eines neuen Glaubens hin. Er selbst bot mit seinen Schriften ein elitäres Weltbild an, wies auf die aus der alten Tradition hergeleitete Idee einer Mission Italiens und Roms hin. Sein Schönheitskult, als das ‹Idealschöne› oder ‹ethisch Schöne› aufgefaßt, wurde als «lateinisches» humanistisches Kulturgut in Anspruch genommen und der fortschreitenden Industrialisierung und dem wachsenden Materialismus entgegengesetzt.

Als neuer Mitarbeiter der neapolitanischen Zeitung «Il Mattino» veröffentlichte er eine Serie von Artikeln, die die antidemokratischen, antiparlamentarischen Tendenzen der Zeitung provokant zusammenfaßten. In *La bestia elettiva* vom 3. September 1892 bezeichnete er die Demokratie als *einen Kampf eitler Egoismen* (1882 war in Italien nur 10 Prozent der Bevölkerung wahlberechtigt). Dem aristokratischen Geburtsadel setzte D'Annunzio die Vision *eines neuen Adels des Geistes* entgegen, den er als eine von gesellschaftlicher Herkunft *unabhängige Kraft sah, die sich regiert, eine Freiheit, die sich behauptet*. In drei Artikeln über *Die Moral von Émile Zola* vom 3., 10. und 15. Juli 1893 wendete er sich polemisch den literarischen Richtungen zu und erklärte den Positivismus und den Naturalismus Émile Zolas für gescheitert. In dessen letztem Roman «Docteur Pasteur» lese er zuviel von *Pietät und Brüderlichkeit*, für D'Annunzio nun lediglich *Gemeinplätze des humanitären Lyrismus*. Aber nicht nur den Naturalismus, sondern auch alle Doktrinen, die sich vorgenommen hätten, ihn zu überwinden, so zum Beispiel den Pessimismus Schopenhauers und der französischen Romanciers, erklärt D'Annunzio für gescheitert. Er kritisiert die Doktrin Dostojevskijs, weil sie auf Verzicht und auf Güte basiere und den Fortschritt ablehne. *All das, was es bislang an Richtlinien und Kunstbewegungen gegeben hat, vermag nicht, den großen Zustrom neuer Ideen, Stimmungen und Gefühle zu erkennen, die auf der Schwelle der neuen Welt toben. Die Wissenschaft kann den leeren Himmel nicht wieder bevölkern, sie kann den Seelen keine Freude mehr geben... Wir wollen keine Wahrheit mehr. Gebt uns den Traum!* Von den Künstlern erwarte er, daß sie beispielhafte Interpreten und Botschafter der modernen Gesellschaft seien.[46] Einzig notwendig schien ihm die Geburt einer neuen Kunst zu sein, wobei er zugleich sich selbst zu deren Schöpfer erklärte – Kunst als bewußter Aufbau der Form, wie sie weder die realistische noch die naturalistische Literatur hervorgebracht hatte. Diese Kunst sollte *über so vielfältige und wirkungsvolle musikalische Darstellungsmittel verfügen, daß sie selbst dem Vergleich mit dem Orchester Wagners standhalten* konnte, *gelingt es ihr doch zu suggerieren, was sonst nur die Musik der modernen Seele mitteilen kann*, schrieb er in der Widmung an Michetti, die dem Roman *Der Triumph des Todes* (1894) vorangestellt war.

Die Musik Richard Wagners verehrte D'Annunzio schon seit seiner Zeit in Rom. Mit der Widmung an Michetti hatte D'Annunzio versucht, Wagners Theorien über das Wort-Ton-Drama mit den eigenen Vorstellungen eines Wort-Ton-Romans zu vergleichen: *Mehr als einmal hatten wir zusammen nachgedacht über das ideale Buch moderner Prosa. Dieses sollte die vielfältigsten Kenntnisse und Geheimnisse miteinander in Einklang bringen und dabei selbst vielfältig sein in Ton und Rhythmus wie ein Gedicht.* Mit der Exegese von «Tristan und Isolde» in *Der Triumph des Todes* und «Parsifal» in *Feuer* nähert sich D'Annunzio Wagner als eklektischer Nachahmer, als «der Affe Wagners», wie Thomas Mann ihn nannte, sicherlich nicht. Erstens war damals ganz Europa vom ‹Wagnerismus› befallen und zweitens ließ sich D'Annunzio zu sehr von der Auseinandersetzung zwischen Wagner und Nietzsche beeinflussen. Im Sommer 1893 veröffentlichte D'Annunzio in «Il Mattino» und in drei Folgen den Artikel *Der Fall Wagner*, in dem er zum erstenmal Kenntnis von Nietzsches Ideen zeigte. Unter dem gleichen Titel hatte 1888/89 der deutsche Philosoph ein Pamphlet geschrieben, das D'Annunzio erst in der französischen Ausgabe von 1893 lesen konnte. Die Werke Nietzsches, die D'Annunzio in diesem Artikel erwähnte, unter anderen «Also sprach Zarathustra», «Die Genealogie der Moral», «Jenseits von Gut und Böse», «Götzendämmerung», «Die Fröhliche Wissenschaft», «Betrachtungen eines Unzeitgemässen», kannte er nur zitatweise und in französischer Übersetzung aus den Artikeln, die über den deutschen Philosophen seit ca. 1881/82 in der «Revue des Deux Mondes» erschienen waren. In seinem Pamphlet hatte Nietzsche Wagner zum erstenmal vorgeworfen, mit der Figur des leidenden Parsifal ein dekadenter Künstler der ‹Modernität› geworden zu sein. Bekanntlich führten die offenen, scharfen Angriffe Nietzsches zum Bruch seiner bedeutsamen Freundschaft mit Wagner. D'Annunzio greift auf das Pamphlet zurück, zeigt sich Nietzsche gegenüber distanziert, er findet ihn zwar *originell* und *gewagt*, seine Bücher aber *seltsam*.

An Nietzsche bewundert er jedoch seine scharfe Kritik an der *evangelischen Doktrin des Mitleids* der russischen Schriftsteller wie Tolstoj, welche damals ganz Europa stark beeinflußte. Schon 1886, Dostojevskij war seit fünf Jahren tot und Tolstoj in der Blüte seiner Kreativität, war in Frankreich «Le roman russe» von de Vogüé erschienen, begleitet von einer Reihe wichtiger Übersetzungen. Die Entdeckung der russischen Literatur setzte gerade in der Zeit ein, als die Reaktion auf den naturalistischen Roman deutlicher wurde.[47] Um 1892 zeigten auch Verleger und Übersetzer in Neapel großes Interesse an der russischen Literatur, die ins Italienische aus den französischen Übersetzungen übertragen wurde. D'Annunzio, der, wie immer Avantgarde witternd, die russisch-französische Welle rechtzeitig rezipierte und um 1890 Tolstojs Lebensphilosophie in *Der Unschuldige* einführte[48], schloß sich bald Nietzsches Polemik gegen das Mitleid der Russen an. Mit *Der Fall Wagner* wird deutlich, daß D'Annunzios uneingeschränkte Verehrung für Wagner durch die Ideen Nietzsches zurecht gerückt wurde. D'Annunzio interpretierte die Kunst Wagners als Gegensatz zum Weltbild Nietzsches, als ein pessimistisches Werk der Krise und versagender Kraft. Während Nietzsche zunehmend für D'Annunzio wachsende Lebenskraft repräsentierte, wurde Wagner in seinen Augen zum Inbegriff des dekadenten Künstlers. Als solcher verteidigte ihn aber D'Annunzio gegen Nietzsches Vorwürfe, weil die einzige Funktion des Künstlers vor allem *darin bestehe, den Geist der Zeit, in der er lebt, auszudrücken*. Der Künstler Wagner war für ihn *die vollkommene*

Verkörperung der modernen, dekadenten Zeit. In dem Philosophen Nietzsche dagegen konnte er die lebensbejahende Fröhlichkeit sehen, den Kult des Ichs gegen jede Doktrin, die aristokratische, radikale Haltung gegen die Gefahren der *gleichmachenden Demokratie.* In ihm sah er den Prediger einer neuen *Rasse der Edlen und Freien*, die gegen die Moral der Bürger und der Massen kämpfen sollte. Die bereits erwähnte Widmung an Michetti beginnt mit einer Auseinandersetzung über Wagners Musik und schließt mit dem emphatischen Ruf: *Wir wollen hören auf die Stimme des großen Zarathustra und in unserer Kunst mit unerschütterlichem Glauben die Ankunft des Übermenschen vorbereiten.* Als Motto stand dem Roman der XXX. Aphorismus aus «Jenseits von Gut und Böse» voran.

Die ursprüngliche naturalistische Prägung des Romanciers D'Annunzio hatte Auswege in den Psychologismus gesucht. Der Erfolg von *L'Intrus* (*Der Unschuldige*) in Frankreich erklärte sich durch die Nähe zum verfeinerten Stil des berühmten Psychologen Paul Bourget. Durch ihn war die Zerlegung des eigenen Innern zum wesentlichen Merkmal der Moderne geworden. Auch Heinrich Mann und Nietzsche hatten seine «Essais de psychologie contemporaine» in ihren zeitkritischen Schriften ausgewertet. Vom Psychologismus entfernte sich D'Annunzio jedoch bald durch die Lehre Nietzsches, indem er diese zugleich als *positiv und vitalistisch* bewertete. Trotzdem blieb seine Begeisterung für den Künstler Wagner auch in der Zukunft bestehen. Er lehnte zwar Wagners Leidenswilligkeit ab, achtete aber Wagners Fähigkeit, mit seiner Person und seiner Kunst fast zu einem mythischen Leitbild für das kulturelle, politische Verhalten seines Volkes zu werden. Wagner blieb für D'Annunzio außerdem das höchste Vorbild für sein Romanschaffen. Unter dem starken Eindruck von Wagners «Tristan und Isolde» konzipierte er seinen nächsten Roman, der *unter Abschaffung der Kontinuität einer gut komponierten Fabel, reich an Bildern und Klängen, das ideale Buch moderner Prosa* darstellen sollte. Aus sechzehn Kapiteln, die er schon 1889 in der «Tribuna Illustrata» veröffentlicht hatte, war 1894 *Der Triumph des Todes* entstanden, der dritte Roman der *Trilogie der Rose*: *Er ist gewagt und etwas gewaltsam, wie alle meine Romane, und ich weiß es nicht, ob es Euch paßt* – so setzt er sich wieder in Kontakt mit dem Verleger Treves –, *angesichts der Tatsache, daß seit «Lust» Euer moralisches Gefühl sich so verfeinert hat. Letzten Endes aber geht es auch hier um eine sehr tiefe Moral.*[49]

Beim Hören des «Tristan»-Vorspiels Wagners wachsen die Todesgedanken der Hauptfigur Giorgio Aurispas. Eines Abends wird er sich bei einem Spaziergang vom Felsen stürzen und die sich sträubende Freundin Ippolita Sanzio, die er vergeblich zum Selbstmord hatte überreden wollen, mitziehen. Ein ausgeprägter Sadismus vermischt sich in dieser Romanfigur des Giorgio Aurispa mit dem *Wunsch nach Kraft* und der Tatsache, daß auch er, wie seine literarischen Vorläufer Andrea Sperelli und

Tullio Hermil, *extrem unfähig* zu der gewünschten *großen Tat* ist. Er hält sich für einen besonderen Menschen, ist jedoch *von Gleichgültigkeit befallen* und fühlt sich *verurteilt, auf das Leben beständig zu warten.* Auch der Versuch, in seine Heimat in die Abruzzen zurückzukehren, um einen direkten Kontakt zu seinem Volk und dessen Gebräuchen zu finden, scheitert.

Meisterhaft beschrieben ist die Pilgerfahrt zum Wallfahrtsort Casalbordino in den Abruzzen, an der Giorgio und Ippolita teilnehmen. Die Episode kommt schon in den Briefen an Barbara Leoni vor. Für diese Beschreibungen benutzt D'Annunzio als Vorlage die Bilder Michettis; *das Studium des religiösen Phänomens in den Abruzzen ist so grausam, daß es die Quellen, die É. Zola in Lourdes gesammelt hat, erblassen macht*[50]. Wenn Giorgio bei sich zu Hause die bekannten Orte seiner Kindheit wiedersieht, den großen Berg der Maiella *rosig im Abendlicht, mit weichen Linien, das betäubende Geschrei der Schwalben, die durch die Luft schwirren,* wieder hört, so knüpfen sich daran autobiographische Erlebnisse: *Die Schwalben zwitscherten und flogen in Schwärmen wie schwarze Pfeile in dem durch den Balkon gezeichneten Rechteck hin und wider.*[51]

Giorgio Aurispa ist von der Furcht vor dem Erbgut seines Onkels, der Selbstmord begangen hatte, beherrscht und von der Eifersucht auf seine Geliebte: *...es gibt auf der Erde nur einen Wonnenrausch, die absolute Sicherheit in dem Besitz eines anderen Wesens. Diesen Rausch suche ich, das Unfindbare.*[52] Die körperlicher Anziehungskraft Ippolitas (oft von der Literaturkritik zu Unrecht mit Barbara Leoni gleichgesetzt) und ihre sexuelle Hemmungslosigkeit bedrohen ihn, spornen aber auch seine sadistischen Züge an, *er hatte in seinem Organismus die vom Vater ererbten Keime. Aber in ihm wurde der Instinkt zur Leidenschaft; die Sinnlichkeit nahm fast die Formen einer Krankheit an.*[53] Sollte damals der Leser überhaupt moralische Bedenken gegen Giorgio Aurispas sadistische Gefühle gehabt haben, so räumte sie D'Annunzio dem Verleger gegenüber folgendermaßen aus: *Heutzutage werden auch die Leserinnen von finsteren Tragödien angezogen. Sie finden einen fremdartigen Gefallen an den raffiniertesten Grausamkeiten. Lassen Sie mich nur machen.*[54] Von der zur Überfrau erhobenen und zugleich zur reinen Animalität reduzierten Freundin will und muß sich der Mann, der Liebende *befreien* – ein Aspekt, der die späteren Theaterstücke D'Annunzios fast ausschließlich beherrscht. Während der Niederschrift dieses Romans soll er vor einem alten Wandteppich gesessen haben, *der die Geschichte von Samson und Dalila darstellt: eine symbolische Mahnung, auch wenn meine Haare nun ganz spärlich sind*[55]. Er hatte seine lockige Mähne in Rom nach einem Duell durch falsche medizinische Behandlung verloren.

Giorgio Aurispa hatte trotz seiner Niederlage große Hoffnungen auf Zarathustras Worte gesetzt. In Nietzsche hatte er vergeblich nach einem Fürsprecher für das Leben gesucht: *Diese Stimme verherrlichte die Macht, den Instinkt des Kampfs und der Herrschaft, das Übermaß der zeugenden und befruchtenden Kräfte, alle Tugenden des dionysischen Menschen, des Siegers, des Zerstörers, des Schöpfers. «Schaffen», sprach Zarathustra, das ist die große Erlösung vom Leiden.*[56] Die Entdeckung Nietzsches diente D'Annunzio als Katalysator für Themen, die seiner Natur entsprachen und schon im *Canto Novo* in nuce vorhanden waren, wie die Verherrlichung des Vitalismus und Sensualismus, wie der Kult der Schönheit und der Mythos der schöpferischen Kraft und Kunst. In Italien war D'Annunzio einer der ersten gewesen, die Nietzsche rezipiert hatten, dies blieb sein Verdienst. Wenn es heutzutage möglich ist, die Theorien Nietzsches als eine Kritik des bürgerlich-kapitalistischen Systems zu lesen, als ein Versuch, auf nicht-ideologischer Ebene ein anders modernes Denken zu entwerfen, so wäre D'Annunzio nie imstande gewesen, die Tiefe und Tragik dieses Außenseitertums zu verstehen. Er benutzte Nietzsches aristokratische, individualistische Lebensauffassung für seinen Ästhetizismus und für einen politischen Aktivismus, der stark nationalistisch geprägt war.

Verkündete Giorgio Aurispa die neue Doktrin Zarathustras, so folgte 1895 deren politische Konturierung durch Claudio Cantelmo, den Helden des nächsten Romans, *Le Vergini delle Rocce* (*Die Jungfrauen vom Felsen*). Sein *erstes Buch* nannte es D'Annunzio; die vorherigen Romane sehe er als *schlichte Übungen und Vorbereitungen* an. Der erste Teil des Romans war in der Anfangsnummer der römischen Zeitschrift «Il Convito» erschienen. Schriftsteller und Maler, durch denselben aufrichtigen und eifrigen Kult für alle edle Form der Kunst vereint, sollten jeden Monat eine Sammlung ihrer Prosa, Gedichte und Zeichnungen publizieren, streng ausgewählt, mit besonderer Eleganz in Schrift und Papierart. Die Zeitschrift wurde jedoch im Sommer desselben Jahres eingestellt.

Die Jungfrauen vom Felsen, dessen Titel auf das gleichnamige Bild Leonardos im Louvre zurückgeht, behandelte ein aktuelles Thema, die antidemokratische Wende. Aber die Lösungen für die Gegenwart und Zukunft suchte D'Annunzio in der Vergangenheit, im alten Patriziertum. Hieß es bei Giorgio Aurispa, er wollte sterben, *weil er sein Leben nicht in Einklang mit seinen Träumen bringen konnte*[57], so folgt Claudio Cantelmo, der *nach den notwendigen Tumulten der ersten Jugend* voluntaristische und antidemokratische Gedanken in der Einsamkeit pflegt, dem Prinzip: *Verteidigt die Schönheit! Verteidigt den Traum, der in Euch ist!*[58] Auch Claudio Cantelmo meint, ein erhabener Mensch zu sein. Sein Weltbild reduziert sich auf die Überzeugung, die Welt sei *das Abbild der Gedanken einiger erhabener Menschen*, sie bestehe nur als *Überlieferung der wenigen Auserlesenen an die vielen*. Die einschneidenden politischen Veränderungen seiner Zeit und die Angst vor dem Untergang der antiken römischen Tradition erschrecken ihn: *Die Lorbeerbäume und die Rosenbüsche der Villa Sciarra... fielen unter der Schere oder mußten sich demü-*

tig zwischen die Gitter der Gärtchen, die zu den kleinen Villen der Drogenhändler gehörten, zwängen.[59] Seine Polemik richtet sich sowohl gegen die Massenbewegung der *niedrigen Volksklasse* als auch gegen die Korruption der neuen Handelsbourgeoisie und ihre Prinzipien von Freiheit und Gleichberechtigung, von der *ein Sturmwind der Barbarei* ausgehe.
Als einsamer Sprößling eines alten Geschlechts sucht er die Einsamkeit, die Weite in der Campagna romana, dort, wo alles an die ruhmvolle Vergangenheit erinnert, wo die Ruinen wie Reliquien eine eigentümliche Verbindung mit ihm eingehen, *die Dinge schienen einen Teil der geistigen Substanz, mit der sie durchtränkt waren, auszustrahlen*[60]. Während Claudio Cantelmo mit seinem Pferd in der römischen Campagna unter den gigantischen Aquädukten herumstreift, verspürt er den *wütendsten Tatendrang*. Die Gegenwart der alten klassischen Menschenwerke weckt in ihm physische Erregung, geistigen Stolz, unklare Hoffnungen. Erregung, Ungestüm, übersteigertes Naturgefühl bei D'Annunzios täglichem Ausritt und bei Claudio Cantelmo brechen in regelrecht vulkanische Visionen von Zerstörung und zugleich Kraft aus: ... *lange schwefelfarbige Ströme durchzogen die wellige Landschaft... die Aquädukte flammten auf, vom Fuß bis zur Bogenhöhe, die ganze Stätte schien zu ihrem vulkanischen Urzustand in der Morgendämmerung der Zeiten zurückgekehrt zu sein.*[61]
Giorgio Aurispa hatte den Ausweg aus seiner Krise in Nietzsches Theorien für sich erkannt, war jedoch *unfähig gewesen, jenseits von aller Furcht und allem Mitleid, sich selbst als die ewige Freude des Werdens zu empfinden*[62]. Nun wird Claudio Cantelmo derjenige sein, der diese Kraft zum Handeln besitzt: *Ich hatte den Gedanken, mir zuzurufen: O Du, sei, der Du werden sollst.*[63] Wie Zarathustra entwirft er in der Einsamkeit seine Gedanken für die Zukunft: er will eine neue Oligarchie aufbauen, die die Schönheit vor allem verteidigen soll. Sein Ziel wird sein: den Sohn zu zeugen, den *König von Rom*, der der Stadt zu ihrer alten Macht verhelfen muß. Die zukünftige Mutter will er unter seinen drei Schwestern wählen, die in einem Schloß in Volterra, in dekadenter Umgebung, mit dem alten Vater leben. Die ersten zwei Schwestern haben den Bruder abgelehnt; als Claudio sich der dritten, Violante, zuwendet, endet auch der Roman.
Die Jungfrauen vom Felsen sollte der erste Teil einer neuen *Erzähltrilogie* sein. Ihm hätten als zweiter Teil des Romans *La Grazia* (*Die Gnade*) und als dritter *L'Annunziazione* (*Die Verkündigung*) folgen sollen. Über *La Grazia* sagt D'Annunzio: *Der Hauptgedanke des Buchs beruht auf folgender Ansicht: – Die Verrücktheit, wie der Tod, sogar mehr als der Tod, führt die menschliche Kreatur zu einem Zustand des absoluten Geheimnisses. Ich will die mächtige Seele von Claudio Cantelmo zu den Dingen bewegen, die sich hinter dem Schleier befinden.*[64] Nachdem Claudio Cantelmo lange mit der Jungfrau Violante gelebt hat, die die *Verrücktheit zu einer Art unberührbaren Heiligen* macht, wird sie aus ihrer geistigen Umnach-

tung erwachen wie aus einem *Traum*. *L'Annunziazione*, der dritte Roman, hätte dann das Hochzeitspoem werden sollen, *Hymen o Hymenaee*, *das den Willen der beiden besiegelt, den Einen zu gebären: jenen Einen, der seine Erzeuger übertreffen muß... Ich mache letzten Endes mit meinen wenigen Kräften innerhalb der Erzählkunst, was die antiken Tragiker mit den Dramen gemacht haben: Eine Trilogie.*⁶⁵ Die letzten zwei Romane hat D'Annunzio nicht mehr geschrieben.

Dem Kritiker Vincenzo Morello erklärte er die Bedeutung der *Jungfrauen vom Felsen* innerhalb der geplanten Trilogie der *Romane der Lilie* folgendermaßen: *Mit dem Erscheinen des Willens erscheint auch in den Romanen der Lilie die Macht. Und, bemerke, Claudio Cantelmo (in «Die Jungfrauen vom Felsen») schuldet Friedrich Nietzsche nichts, dessen Doktrin übrigens nicht wegen der Neuheit wichtig ist, sondern nur wegen der lyrischen Formen, womit der irre Dichter sie vorführt. Wenn Du Dich an gewisse Odi vom «Canto Novo» erinnerst, würdest Du mit mir überein-*

stimmen, daß dort die Ursprünge der Idee von Potenz und Überlegenheit sich befinden, die dann in Cantelmo zu einer endgültigen poetischen Entfaltung gelangen. D'Annunzio nimmt für sich in Anspruch, die Philosophie des deutschen Philosophen in reine Dichtung aufzulösen. Gleichzeitig besteht er darauf, daß dessen Ideen von Instinkt und Ursprünglichkeit von ihm selbst bereits im *Canto Novo* vorweggenommen waren. Diese Auslegung entspricht allerdings eher seinem Hochmut als der Wahrheit.

Der anti-demokratische Inhalt dieses Romans, den D'Annunzio für eine *zusammenfassende Darstellung der Gedanken- und Gefühlsströmungen, die heute ganz Europa bewegen*, hielt, fand den Beifall eines breiten Publikums. D'Annunzio erreichte mit diesem Buch viele Leser. Es bewahrheitete sich, was der Autor an den Verleger Treves während der Entstehungsphase geschrieben hatte, er sei nun ein *kostbarer Schriftsteller geworden, und nicht nur dank seines Stils!* Obwohl D'Annunzio Gesten,

Zu Pferd in der Campagna romana

Heroen und Mythen vorstellte, die anachronistisch wirkten, bewies der Erfolg seines Romans, daß es ihm gelang, eine aristokratische Kultur einem kleinbürgerlichen Publikum nahezubringen. D'Annunzio begann von nun an, eine Vision von Kampf und aristokratischem Triumph zu entwerfen, die von der Tradition getragen sein sollte. Seine antizipatorische Rolle verwandelte sich langsam in einen seltsamen, modernen Anachronismus. Aus der Antike schöpfte er die Maßstäbe für die Lösungen der Probleme seiner Zeit, in der Antike suchte er die Begründung nationalistischer Machtansprüche. Schon 1888 waren Artikel von D'Annunzio erschienen, die die Haltung des nationalistischen Dichters vorbereiteten. Darin hatte er sich mit der Lage der italienischen Marine, mit der Idee der Macht und des Ruhms Italiens, die vor allem durch den Sieg auf dem Meer zu erlangen wären, auseinandergesetzt. Nach der schweren Niederlage von Lissa galt nicht nur für ihn der Satz: Entweder wird Italien eine große Seemacht oder Nichts. In den 1893 veröffentlichten *Odi Navali* (1892/93) wird das Schiff die Macht symbolisieren, den Ruhm, die hoffnungsvolle Kraft der Nation, die bereit sein soll für den letzten Kampf.

Er selbst verbreitete von nun an seine politische Botschaft nicht nur durch die Schrift. Am 12. Juli 1897 gab «La Tribuna» bekannt, daß der Dichter für die Parlamentswahlen kandidiere als Deputierter des konservativ beherrschten Wahlkreises Ortona. Umsichtig warb er für sich, verfaßte selbst den Brief, in dem ihm die Kandidatur vorgeschlagen wurde. Er ließ sich ihm wohlgesonnene Artikel schreiben, die in bekannten Tageszeitungen erschienen, und begann seine Wahlkampagne mit großem Einsatz und vielen Reden in seinem Wahlkreis. In seinem Geburtsort Pescara hielt er die berühmt gewordene *Rede von der Hecke* (*Discorso della siepe*), von der er 1000 Exemplare von Treves gedruckt haben wollte. Er bestimmte selbst die Typographie und bestellte dazu *Wahltransparente in leuchtenden Farben*. *Die Hecke* (*la siepe*) verstand er als Symbol für das Recht der Bauern auf Privatbesitz, das es zu verteidigen galt. Ein Recht, das viele in jenen Jahren gefährdet sahen – wegen der Gründung der ersten Arbeiterkammer in Mailand (1891) und der sozialistischen Partei, die gemeinsam mit den sozialistischen Bauernbündnissen Streiks in ganz Sizilien erfolgreich durchführte. Wegen der zunehmenden Arbeiterstreiks in ganz Italien mit dem Anwachsen der links-oppositionellen Kräfte griff man nicht nur zu repressiven Lösungen. Es war das gesamte parlamentarische System, das in Frage gestellt wurde. Wie ein Bauern-Messias mystifizierte D'Annunzio die miserablen Bedingungen auf dem Lande. Als *Kandidat der Schönheit*, wie er sich selbst bezeichnete, plädierte er für eine patriarchalische Ordnung. Ihm ging es dabei nicht um die Bauern, sondern mehr um ästhetische Werte, die er mit den Begriffen der Nation und der Rasse verband. Die Konservativen unterstützten ihn, obwohl er sich parteipolitisch jenseits von rechts und links bezeichnete.

Mit der Kandidatur und dieser Rede machte er sich nicht nur zum Inter-

Als Abgeordneter. Zeitgenössisches Plakat

oreten der Ängste des bürgerlichen Italien, er war damit aus seinem Elfenbeinturm gestiegen und hatte in gewisser Weise Kenntnis von der praktischen politischen Realität genommen. Entgegen allen Erwartungen fiel der Sieg für ihn sehr knapp aus. Im Parlament war er dann auch selten anwesend. Erst drei Jahre später machte er dort von sich reden, als er am 24. März 1900, bei einer erregten Parlamentssitzung, demonstrativ zu den Sitzen der Linken überwechselte, *als Intellektueller gehe ich zum Leben*, war sein Kommentar – eine theatralische Geste. Sein Vorhaben, Aufsehen zu erregen, war gelungen. Die Geste machte Schlagzeilen in allen Zeitungen. Wer sich für D'Annunzios Werke, Liebschaften und Extravaganzen nicht interessierte, mußte sich notgedrungen mit diesem Schritt beschäftigen. Vorerst allerdings endete seine politische Karriere hiermit. Seitdem erschien er immer seltener, kandidierte zwar 1900 noch einmal in Florenz, sogar von den Sozialisten unterstützt, wurde aber nicht gewählt. Noch während der zweiten Kandidatur äußerte er sich in einem Interview für die Tageszeitung «Le Temps» in Paris: *Glaubt ihr, ich sei Sozialist? Ich bin immer derselbe geblieben... ich bin und bleibe Individualist... Der Sozialismus in Italien ist eine Absurdität. Bei uns gibt es nur einen politischen Weg, zerstören. Was jetzt ist, ist nichts, ist Moder, ist der Tod, ist gegen das Leben. Man muß Beute machen. Eines Tages werde ich auf die Straße gehen.*[66] Zwei Tage später, am 10. Mai 1900, erschien in der italienischen Zeitung «Il Giorno» ein Brief von D'Annunzio, der wieder alles dementierte. Das parlamentarische Leben beschäftigte ihn bald nicht mehr, sondern eine totale Umwälzung und Neugestaltung seines privaten Lebensbereichs.

Amori et dolori sacra

Als der Dichter Ende September 1895 in Venedig die berühmte Schauspielerin Eleonora Duse traf, begann jene fruchtbare Zusammenarbeit, die für Italien die Entstehung eines neuen Theaters bedeutete. Deutet die folgende Notiz in D'Annunzios Notizbüchern: *Amori et dolori sacra. (Der Liebe und dem Schmerz geweiht.) – 26. September 1895. Hotel Royal Danieli, Venezia* auf den Beginn dieser Liebe hin?[67] Das behaupten wenigstens alle Biographen. Zu der Begegnung in Venedig bemerkte Eleonora Duse ihrerseits: «Ohne ein Wort schlossen wir einen ‹patto d'alleanza› in unseren Herzen.»[68] Anfang 1896 trafen sich D'Annunzio und Eleonora Duse wieder in Venedig. Sie fuhren dann nach Pisa, zwischen ihrer Tournee in Nord-Europa und einer bevorstehenden in Amerika.

Die italienische Schauspielerin, 1858 geboren, war damals bereits eine internationale Größe. Ohne weiteres gelang es ihr, auch das ausländische Theaterpublikum zu begeistern, obwohl Eleonora Duse immer nur in italienischer Sprache gespielt hat. Die Charakterdarstellerin wollte ihr Repertoire, das sich bis dahin vorwiegend auf Feydeaus und Dumas' Komödien beschränkte, unbedingt erweitern und war stets auf der Suche nach guten, neuen Stücken. Kein italienischer Theaterautor konnte ihr damals Textvorlagen von einem gewissen Niveau bieten, die auch ihren schauspielerischen Fähigkeiten gerecht wurden. Eleonora Duse hatte sich die besseren Stücke bis dahin von ihrem damaligen Freund, dem mittelmäßigen Dichter, Librettisten und Komponisten Arrigo Boito erhofft. Ihm hatte sie einmal anvertraut, sie verabscheue D'Annunzio und läse ihn dennoch gern, sie sei fasziniert von seinen Texten.

Mit Eleonora Duse als Mittlerin plante D'Annunzio, ein nationales Theater zu schaffen, wobei Wagners Bayreuth als Vorbild diente. Jahre später schrieb ihm Eleonora Duse: «Seit dem Versprechen von Pisa (es sind fast neun Jahre her) hatte ich nur eine Kraft: für euch zu arbeiten.»[69] Mit ‹euch› ist auch Renata, Cicciuzza, gemeint, die D'Annunzio nach der Trennung von Maria Gravina zugesprochen worden war und die Eleonora Duse besonders ins Herz geschlossen hatte. Im Juli 1897 mietete Eleonora Duse in Settignano di Desiderio bei Florenz eine kleine Villa, von D'Annunzio «La Porziuncola» genannt, in Erinnerung an die Einsiedelei des heiligen Franz von Assisi.[70] Eleonora Duse blieb im «Haus der

Eleonora Duse um 1902

Schwalben», so nannte sie wiederum «La Porziuncola», bis 1906 wohnen, bescheiden eingerichtet und die Ruhe in den Pausen zwischen den vielen Tourneen genießend. Ende März 1898 bezog D'Annunzio die benachbarte Villa «La Capponcina» und richtete sich wie ein Renaissance-Fürst ein. Dieser Zeit, der literarisch produktivsten für D'Annunzio, werden wir uns später widmen.

Eleonora Duse, fast ausschließlich auf Tournee, spielte von nun an nur die neuesten Theaterstücke ihres Freundes D'Annunzio, sie hat aber nie ein Vorrecht auf die Uraufführungen seiner Stücke geltend machen können. Gerade dies war für sie oft ein Grund zum Gekränktsein und zu

Streitigkeiten. 1904 kam es zum Beispiel mit dem Theaterstück *La Figlia di Jorio* zu einer Krise zwischen D'Annunzio und Eleonora Duse. Trotz ihres schlechten Gesundheitszustands – sie litt an einer Tuberkulose – wollte D'Annunzio die Premiere nicht verschieben und übergab die Hauptrolle der jungen und begabten Emma Grammatica, die die schöne Prostituierte Mila glänzend spielte. Das traf Eleonora Duse sehr. In jener Zeit hatte D'Annunzio schon Alessandra di Rudinì kennengelernt, die Tochter eines einflußreichen Ministers, wegen ihrer Schönheit von D'Annunzio Nike genannt. Alessandra war eine achtundzwanzigjährige exzentrische Witwe mit zwei Kindern und teilte mit D'Annunzio die Leidenschaft für Luxus. 1903 zog sie in «La Capponcina» ein, wo sie in kürzester Zeit den großzügigen Lebensstil ihres neuen Freundes übertraf. Eleonora Duse verließ darauf Settignano. Die vielen Briefe, die D'Annunzio unermüdlich an sie richtete, ließ Eleonora Duse lange Zeit unbeantwortet und erst nach dem Ersten Weltkrieg nahm sie wieder brieflichen Kontakt zu ihm auf.

Oft hätte Eleonora Duse Grund gehabt, an der Aufrichtigkeit der Gefühle von D'Annunzio zu zweifeln. D'Annunzios Roman *Feuer*, 1900 erschienen, hatte großen Erfolg nicht zuletzt wegen seiner autobiographischen Liebesgeschichte und der gegen Eleonora Duse schonungslosen Beschreibungen der älteren, eifersüchtigen Geliebten, der Hauptfigur Perdita, ‹die Verlorene›, die zu Recht mit Eleonora Duse identifiziert wurde und die im Roman gegen ihre jüngere Freundin, die Sängerin Donatella Arvale, ausgespielt wird. *Feuer* spielt in Venedig. Aus der Stadt *des Untergangs* kann der Held, der Dichter Stelio Effrena, *eine sinnliche Stimulans* schöpfen, dank seiner *kreativen Potenz*. Seine Freundin, die Schauspielerin Perdita, wird im Gegenteil zum Symbol des herbstlichen Venedigs, des Untergangs. Von Zweifel und Eifersucht getrieben verläßt sie am Schluß Stelio und fährt auf Tournee nach Südamerika. Die Beschreibungen einer alternden Frau, die gepeinigt ist von der grausamen Furcht, Stelio könnte sie schlafend betrachten und in ihrem Gesicht nach den Spuren der Jahre suchen, das Thema des physischen Verfalls der weiblichen Schönheit wurden als Anspielungen auf das wahre Leben des berühmtesten Künstlerpaars der Jahrhundertwende verstanden. Der Impresario Schurmann bat Eleonora Duse, sie möge den Druck verhindern, worauf sie geantwortet haben soll: «Ich kenne den Roman, und ich werde den Druck nicht verhindern. Mein Leiden zählt nicht, wenn es darum geht, der italienischen Literatur noch ein Meisterwerk zu schenken. Und dann... ich bin vierzig und ich liebe!»[71] Daraufhin kündigte der Impresario die Arbeit mit der Schauspielerin. Jedoch einem Freund schrieb sie ein Jahr später, 1901: «Ich dachte, ich allein würde mich kennen, ich dachte es. Er hat mich so bloßgestellt, daß ich mich nackt fühle. Sein grausames Genie hat mich neu geschöpft. Er hat mich vorgeführt wie ein Tier auf dem Markt... Niemandem war es gelungen, die Linien meines fließen-

Eleonora Duse mit Tochter Enrichetta und Enkelkind

den Schattens nachzuzeichnen. Ach! Man kann es nie wiedergutmachen, nie die ‹Rolle› verlassen, die er mir zugewiesen hat. Ärgerlich!»[72] Das Publikum, das den Roman las und Eleonora auf der Bühne liebte, unterschied in diesem Fall zu wenig zwischen der Romanfigur und der Heldin auf der Bühne. Es verzieh zwar seinem Idol die Leidenschaft für D'Annunzio, sah die Duse aber zu gern als Opfer des dannunzianischen Donjuanismus. Was ihr D'Annunzio angetan hatte, empfand es gewissermaßen als Beschmutzung der Katharsis, in die es durch die schauspielerische Leistung der Duse versetzt wurde. D'Annunzio wußte natürlich, daß eine Liebesgeschichte mit Eleonora Duse gut für die Werbung war. Eleonora Duse und Gabriele d'Annunzio: ein berühmtes Künstlerpaar. Welche Schauspielerin träumt nicht von ihrem eigenen Autor, welcher Theaterautor nicht von seinem Theater? War das eine Künstlergemeinschaft? Eine Liebe? Oder eine Ausbeutung der Gefühle? Immer wieder stellt sich die Frage, hat D'Annunzio Eleonora wirklich geliebt oder hat er ihr die Komödie der Liebe nur vorgespielt, um die Bühne zu erobern und die beste Interpretin für sich zu gewinnen? Sicherlich zeugt ihr Briefwechsel auch von intensiver Zuneigung. Und sicher ist auch, daß Eleonora Duse die einzige gewesen ist, die das tragische Schicksal von D'Annunzios Freundinnen nicht teilen mußte – die meisten lebten später allein, in Armut oder waren geistig gestört. Sie entzog sich vielleicht rechtzeitig einem Mann, von dem alle anderen trotz Trennung sich nur schwer gelöst haben. D'Annunzio baute im Alter einen Mythos der Verehrung um sie auf. Er hat ihre Interpretationskunst hochgeschätzt. Sie war die einzige Freundin, von der sich eine Abbildung neben der Mutter und der Schwester in D'Annunzios Alterssitz «Il Vittoriale» befand. Häufig sprach er im Alter von ihr, Verehrung und Hochschätzung wurden ihr entgegengebracht, aber sinnliche Leidenschaft konnte den Dichter nicht an sie knüpfen.

Bezeichnend ist, daß in D'Annunzios Theaterstücken oft eine Konstellation auftritt mit drei Figuren, dem Mann, der älteren Frau und der jüngeren Rivalin. Die Faszination, die die ältere, gleich der Mutter, auf den Mann ausübt, läßt Berührungsängste entstehen – neben der Älteren erhebt sich das Bild der jüngeren Rivalin, als die Möglichkeit der Eroberung unberührter Reife. In *Feuer* hieß es über die jüngere Rivalin Perditas, Donatella Arvale: *Die Jungfrau war eine neue Kraft, eine unerschlossene Schönheit, eine Waffe, die noch nicht gezückt war, scharf und prachtvoll tauglich für den Rausch des Kampfs.*[73] Die Berührungsängste gegenüber der älteren Geliebten versinnbildlichen auch den Wunsch nach Eroberung, denn im Gegensatz zu der Jungfrau mußte Stelio, *um die Schauspielerin zu genießen, das verworrene Trümmerfeld überschreiten, das, wie er glaubte, aus zahllosen unbekannten Liebschaften zurückgeblieben war, und er mußte sich beflecken... Dieser Schatten würde ja doch stets den Instinkt bestialischer Wildheit reizen, der im Hintergrund seiner starken Sinnlichkeit schlummerte.*[74] Wieder erweist sich der Geschlechterkampf als eines der zentralen Themen. Die Angst Stelio Effrenas vor der Frau ist mit derjenigen Giorgio Aurispas vor Ippolita Sanzio in *Der Triumph des Todes* verwandt. Gleichzeitig jedoch gelingt es in *Feuer* der Romanfigur Stelio Effrena zum erstenmal, aus der sinnlichen Vereinigung die Kraft zu schöpfen, Realität in Kunst zu verwandeln: *Mit dem Wort und mit der Musik baute der Dichter die Einheit der Welt des Ideals von neuem auf.*[75]

Eleonora Duse, die nur fünf Jahre älter war als D'Annunzio, nannte ihn «Sohn». D'Annunzio seinerseits schreibt aus der gemeinsamen Zeit in «La Capponcina»: *Nicht die Welt verlor an Wert während ihrer Abwesenheit, sondern mein Grad an Menschsein. Sie glaubte verzaubert zu sein, und sie verzauberte mich.*[76] Dem Dichter lag offensichtlich mehr daran, von Eleonora geliebt und bewundert zu werden. *So frisch war ihr Gefühl, daß ihre Aufmerksamkeit nicht selten die Züge einer aufmerksamen Kindlichkeit annahm, verehrungswürdig. Wie ich in das Obst beiße, meine Art aus einem Glas zu trinken, als wäre es ein durchsichtiges Eisstück, meine Art mich zu beugen, um das zertretene Veilchen oder das vierblättrige Kleeblatt im Gras zu suchen, das geschriebene Blatt beiseite zu legen, vorsichtig... meine aufmerksame Sorge, das Holz im Kamin zu schüren beim Anbrechen des Morgengrauens, meine Aufregung beim Absatteln des Pferdes... und meine Zärtlichkeit, wenn es mir gelang, daß es wenigstens von mir den Striegel unter dem hageren Bauch erduldete, all dies schien sie* (Eleonora) *zu bezaubern, während sie mich bezauberte.*[77] Und aus dieser Selbstliebe heraus beansprucht er für sich die *Rechte des fleischlichen Lebens*: *Ich bin untreu aus Liebe, noch mehr aus Liebeskunst, wenn ich bis zum Sterben liebe.* Er beschreibt seine Ausflüge zu Pferd von «La Capponcina» zu zwei Schwestern, *Expertinnen in perversen Spielen*. Aufgewühlt kehrt er nach Hause zurück: *Ungeduldig, von der Allee aus, rief ich nach meiner einzigen Gefährtin, ich schrie das Wort der Liebe heraus mit dem zärtlichsten der für sie gewählten Namen: Ghisola, Ghisolabella, ich war verrückt nach ihr, uneingedenk, unschuldig, die flüchtige Untreue verlieh der Liebe etwas berauschend Neues.* «*Ghisola, ich liebe Dich, ich liebe Dich, für ewig nur Dich. Warte Du auf mich, wenn ich nicht warten kann.*»[78]

Eleonora war die Heilige, bei ihr trennt D'Annunzio das Edle vom Sinnlich-Hurenhaften. Er ist das selbstbezogene Kind, das einst in den Abruzzen sich in die Arme seiner Mutter stürzte, mit dem Verlangen, die Mutter möge sein ungestümes Gemüt und seine selbstsüchtige Übersensibilität durch ihre Umarmung wie eine besondere Gabe annehmen. Wie ein Kind mußte er der Duse vorkommen, als D'Annunzio sich im Antwortschreiben auf ihren Trennungsbrief auf die *Rechte des fleischlichen Lebens* berief, ohne ihre Verletzungen zu bedenken, und auf *seine Rechte als Künstler*, so als habe die Duse nicht allein die finanziellen Katastrophen seiner Theaterstücke tragen müssen. Er beklagt sich: *Du hast neben mir für Jahre gewohnt. Es schien mir manchmal so, als würdest Du in die Tiefe meiner Natur blicken und daß Du manchmal in mir jene «Reinheit» spüren würdest... Du betrachtetest mich, wie man einen Baum betrachtet, und oft spürte ich, ich würde in Deinem Blick leben, so wie man in der Luft lebt, mit einer tadellosen Durchsichtigkeit... Und gerade Du hältst mich für schuldig, Du, die die Natur mit ihren Gesetzen anbetet? Das unbedingte Verlangen des heftigen Lebens – des fleischlichen Lebens, der Lust, der*

D'Annunzio, von der Duse fotografiert

physischen Gefahr, der Heiterkeit – hat mich weit weg geführt. Und Du – die manchmal bis zu Tränen gerührt war durch eine stürmische Bewegung von mir, so wie du gerührt bist vor der Anstrengung einer Pflanze, um eine finstere Mauer zu überwinden – kannst Du mir dieses Verlangen vorwerfen?[79] Vergeblich wird er sie an das gemeinsame künstlerische Bündnis erinnern: *Mit welcher göttlichen Zärtlichkeit hast Du meine Anstrengungen sorgfältig behütet... Da Du die einzige Offenbarung bist, die eines Dichters würdig ist, und da ich ein großer Dichter bin, ist es notwendig – vor den heiligen Gesetzen des Geistes –, daß Du Deine Kraft meiner Kraft übergibst – Du Eleonora Duse mir Gabriele d'Annunzio.*[80]

Macht, die Rechte fleischlichen Lebens, der Durst nach heiterem Leben – «Ich habe solche Wörter satt!» antwortet Eleonora Duse. «Seit Jahren höre ich sie von Dir.»[81] Die Briefe der Duse sind angeblich von ihrer Tochter vernichtet worden. In einer Kopie eines weiteren Briefs, die in Venedig, in der Fondazione Cini, aufbewahrt ist, heißt es: «Eines Tages fühlte ich mich wie in zwei Teile zerbrochen, so, von Deinen Händen, und ich weiß nichts mehr über uns beide. Es hilft nichts. Es ist so. Ich kann kein Werk mehr von Dir lesen, Dich sprechen ist meiner Seele so unmöglich, daß Wiedergeborenwerden mir leichter erscheinen würde. Ich kann nicht mehr an Dich glauben, nicht mehr für Dich handeln... Du hast mich wie ein Instrument der Kunst behandelt, das man nimmt und wegwirft.»[82] Mit Gabriele d'Annunzio erlebte sie eine beispiellose intellektuelle Intimität. Er schürte in ihr die Hoffnung auf Kunstformen, die anders waren als das verbrauchte bürgerlich-romantische Repertoire, mit dem sie international berühmt geworden war.

Nach der Trennung von Eleonora Duse und mit dem Einzug von Alessandra di Rudinì hörte für D'Annunzio die arbeitsreiche dichterische Phase auf und sein Liebesleben verwandelte sich in ein leeres, öffentliches Spektakel. Alessandra, die jede Eigenart von D'Annunzio nur verstärkte, stellte fünfzehn Diener ein und organisierte große Diners, Jagden und Ausritte. Obwohl Alessandra die finanziellen Mittel von ihrer Familie gekürzt werden und Gabriele wie immer große finanzielle Sorgen hat, leben sie um so verschwenderischer. Später wird sie krank, dreimal wegen Unterleibskrebs operiert und danach morphiumsüchtig. Sie beginnt unter psychischen Störungen zu leiden. Wie oft in solchen Situationen erweist sich D'Annunzio als liebevoller Krankenpfleger. Einige Jahre später wird Alessandra Nonne in einem französischen Kloster.

Gabriele d'Annunzios Frauenabenteuer überschlagen sich. Kurz darauf lernt er die Florentinerin Giuseppina Mancini kennen, Giusini genannt, Ehefrau eines Weingutbesitzers. Giusini, *sein letztes Glück*, litt unter religiösem Wahn, zwei Jahre und zwei Monate nach dem ersten Treffen wird sie geisteskrank. In *Solus ad solam*, auf deutsch *Amaranta*[83], geschrieben wie ein Tagebuch, hält D'Annunzio das tragische Ende dieser Liebe fest. Es ist ein Tagebuch, das einen Augenblick der Krise im Leben des Autors darstellt. Aber die Krise wird nicht zugelassen. Die Aufzeichnungen werden unvermittelt abgebrochen. D'Annunzio, von der Familie Giusinis als gewissenloser Verführer angeklagt, wartet auf die Gerichtsverhandlung, aber sein Tagebuch endet symbolisch mit einem Sieg. Der Dichter hat inzwischen sein Werk vollendet: *Zur selben Stunde ordnete ich die Seiten der Dichtung: Es war der Vorabend der Liebe und des Ruhmes! Auch heute ist ein Vorabend. Ich weiß nicht, warum: ich fühle, daß mir noch mehr und noch größerer Schmerz bestimmt ist... Das Morgen hat die Miene eines unbarmherzigen Henkers.*[84]

Im März 1898 war D'Annunzio, wie bereits erwähnt, in «La Capponcina» eingezogen. Das Haus lag an einem Hang in Richtung Settignano,

Eingang von «La Capponcina» in Settignano

unweit von Fiesole bei Florenz, und befand sich zu Anfang des 17. Jahrhunderts im Besitz der alten Patrizierfamilie Capponi, daher der Name «Capponcina». D'Annunzio sollte ursprünglich für das halb verkommene Haus eine so geringe Miete zahlen, daß er sie freiwillig heraufsetzte. Nachdem er das Haus gemietet hatte, gab er sich seiner Leidenschaft hin, durch Um-, An- und Neubauten das ganze Gebäude zu verwandeln. Wenn D'Annunzio wegen Schulden eine seiner Villen verlassen mußte, war der Wert des Hauses um Beträchtliches gestiegen. Wie D'Annunzio in seinen Notizbüchern festhielt, fand er sich damals *ohne Mühe in die Rolle eines Renaissancefürsten*, inmitten der toskanischen Landschaft, in hochgeschmückten Räumen, zwischen Hunden, Pferden und schönen Gegenständen. Sein Tierarzt Benigno Palmerio – auch er aus den Abruzzen – hat fast mit Ergebenheit und sehr ausführlich die Einrichtung dieses Antiquitätenspeichers beschrieben[85], in dem jeder freie Platz besonders ausgeschmückt wurde. Eine verdienstvolle Tat: denn zum Sommer 1910 wurde alles versteigert und außer dem heute noch existierenden Bau blieb nichts von der Einrichtung erhalten. Nach der Beschreibung stieß man zu machen. In Frankreich wurde er zu einem begeisterten Besucher von Hunderennen. Es verbreitete sich das Gerücht, er wolle parallel zu der Vitae berühmter Männer eine Vitae der berühmten Hunde schreiben, streng nach dem Muster von Plutarchs Biographien. Das Buch sollte sogar als Anhang ein Wörterbuch der Hundesprache bekommen, denn, erklärte D'Annunzio 1934, er habe ein geschicktes System ausgearbeitet, um die Laute dieser Sprache niederschreiben zu können.

Weniger berühmt wurden die Pferde D'Annunzios. In «La Capponcina» gab es einen Pferdestall mit acht Pferden. Reiten war sein wichtigster körperlicher Ausgleich: *Ich will mir Bewegung machen. Steige wieder auf den braven Malatesta, den treuen, den verläßlichen... allzeit bereit und desto mutiger, je größer die Gefahr! Ich reite über die Hügel hin. Ruch des Herbstes in der Luft. Melancholie nebelt von der braunen Erde auf.*[88] Vor ihm breitete sich die Aussicht auf die Hügel von Fiesole und Settignano, die Aussicht auf Florenz, von dessen Anblick er einmal schrieb: *...gewaltiger Augenblick eines heroischen Lebens... alle Erscheinungen übergeben mir die lyrische Erhöhung eines außerordentlichen Talents.*[89] Und wenn D'Annunzio sich dann nach Luft und Sonne, Salzwind und Waldgeruch sehnte, wie in seiner Heimat in Pescara, ging er nach Lucca oder Viareggio, zum Strand der Versilia, zur Arno-Mündung, zu den Wacholderbeeren, den sumpfigen Wiesen und Algen: *Berauschendes Kraftgefühl des Geistes und der Muskeln. Im Galopp hinjagen auf dem federnden Strand mit der feinriefigen Spur der zurückflutenden Wellen, feinriefig wie die Gaumenbögen meiner Windhunde!*[90]

D'Annunzios Theater: Macht und Opfer

Im Sommer 1896 hatte D'Annunzio zu seinem großen Bedauern eine Kreuzfahrt – auf dem Ionischen und Ägäischen Meer, nach Gallipoli, Patrasso, Korfu, Ithaka – wegen Seekrankheit abbrechen müssen. Widerwillig, denn die antike Kunst Griechenlands, die Orte des klassischen Altertums hatten einen gewaltigen Eindruck auf ihn gemacht: *Mein liebster Don Emilio, die Sonne Griechenlands hat meiner Seele die vollkommene Reife und meinen Augen eine außerordentliche Klarheit verliehen. Wißt Ihr, daß ich in Griechenland all die Felsen meines Buchs wieder gefunden habe?... In Mykene habe ich Sophokles und Aischylos wieder gelesen, unter dem Löwentor. Die Form meines Dramas ist schon klar und steht fest. Der Titel: «La città morta» (Die tote Stadt).*[91] Das Projekt konkretisierte sich, als D'Annunzio im selben Monat Eleonora Duse in Venedig traf. Der erste Entwurf für das Drama war zwischen der suggestiven Landschaft der Ruinen Mykenes entstanden.

Gabriele d'Annunzio wollte sich von der Welt übersinnlichen Ästhetentums lösen, um seine Kunst mit *stärkeren Idealen* zu durchdringen. Während die Lektüre Nietzsches ihn dazu angeregt hatte, durch das neu entdeckte dionysische Ideal eine Moral des Heldentums zu entwerfen, eröffnete ihm die Griechenland-Reise eine Art spirituelle Welt. Vom Hellenentum berauscht, träumt D'Annunzio jetzt von einem modernen Drama, das aus den Wurzeln des alten griechischen Dramas entspringen soll. Die alten, mythischen Figuren in *Die tote Stadt* sollen mit den heutigen verbunden werden: durch die Verzauberung, die aus dem Boden Mykenes entspringt, durch den Fluch der dortigen Begräbnisstätten, der nach vielen Jahrhunderten bis auf die heutigen Figuren – die blinde Anna und Biancamaria und ihre Ehemänner, den Dichter Alessandro und den Archäologen Leonardo, Biancamarias Bruder – wirken soll. Leonardo hat die Gräber der Atriden entdeckt, ihre Leichen sind noch mit Gold bedeckt. Die Darsteller auf der Bühne gehen mit den alten ausgegrabenen Figuren eigentümliche Identifikationen ein, Reliquien sollen wieder lebendig werden, Todesahnung verbreitet sich in einer wüsten, sonnigen Landschaft.

Das eigentliche Thema dieses Dramas ist der Inzest, die Liebe Leonardos zu seiner Schwester Biancamaria. In *Der Triumph des Todes* sah Giorgio Aurispa in der Liebhaberin die Schwester. In *Der Unschuldige* empfindet Tullio Hermil mehr Wollust, wenn er seine Ehefrau Juliane einer Schwester vergleicht oder an ihre Ermordung denkt. Als würde Juliane erst dann den höchsten Ausdruck ihrer Schönheit erreichen – als würde die Ermordung den Inzest bereinigen. Im Roman *Lust* sagt Andrea Sperelli zu Elena: ...*manchmal erscheint mir die Vereinigung meines Geistes mit dem deinigen so keusch... daß ich dich Schwester nennen möchte.*[92] Diese subtile Thematik der Verschränkung von Inzest und Ermordung bricht jetzt ohne Schranken in *Die tote Stadt* auf. Leonardo bringt die Schwester beim Brunnen des Perseus um, um ihre und seine eigene *Reinheit* zu retten: ...*jeder Makel ist von meiner Seele verschwunden; ich bin rein geworden, ganz rein.*

Das Werk, im Herbst 1896 in 40 Tagen geschrieben, sollte ursprünglich das erste Theaterstück D'Annunzios für Eleonora Duse sein, wurde aber dann für Sarah Bernhardt konzipiert. Während Eleonora Duse auf Tournee in Südamerika war, ließ D'Annunzio Sarah Bernhardt, die mit ihrer überladenen Schauspielkunst voller Gesten das Gegenteil der Eleonora Duse repräsentierte, einen Vertrag unterschreiben, nach dem ihr die Aufführungsrechte für Frankreich übertragen wurden. Im Januar 1898 hat Sarah Bernhardt die französische Version *La Ville morte* mit großem Publikumserfolg in Paris gespielt. Eleonora Duse, die sich zunächst dieser Bedingung nicht beugen wollte und mit D'Annunzio zu brechen drohte, erklärte sich damit einverstanden, das Stück in Italien aufzuführen, während Sarah Bernhardt sie zu Aufführungen in ihrem «Théâtre de la Renaissance» in Paris einlud. Dort faszinierte Eleonora Duse die Pariser am 16. Juni 1897 mit ihrer Aufführung von *Sogno d'un mattino di primavera* (*Traum eines Frühlingsmorgens*). Ein symbolistisches einaktiges Stück, das D'Annunzio im April 1897 nur für sie schrieb, als Entschädigung für *Die tote Stadt*.

Gabriele d'Annunzio hat erst gegen Ende der neunziger Jahre angefangen, für das Theater zu schreiben. Dabei fand er in Eleonora Duse eine unentbehrliche Mitarbeiterin und Interpretin. Was er geschrieben hat ist viel und umstritten. In sechs Jahren verfaßte D'Annunzio, neben zwei Romanen und seinem berühmtesten Gedichtzyklus in drei Bänden, mehr als ein Drama jährlich. 1896 erscheinen *La città morta* (*Die tote Stadt*), *Sogno d'un mattino di primavera* (*Traum eines Frühlingsmorgens*), *Sogno d'un tramonto d'autunno* (*Traum eines Herbstabends*); 1899 schreibt er *La Gioconda* (*Die Gioconda*) und *La Gloria* (*Die Gloria*), nach den Gedichten *Laudi* wird 1901 *Francesca da Rimini* und 1903 sein bestes und berühmtestes Stück *La Figlia di Jorio* aufgeführt. 1905 wird *La Fiaccola sotto il moggio* ein Mißerfolg wie auch ein Jahr darauf *Più che l'amore*. Bejubelt wird dagegen 1908 *La Nave* (*Das Schiff*). Weniger erfolgreich war ein Jahr später die Mailänder Aufführung von *Fedra*.

Auf der Bühne hat D'Annunzio sich die theatralischen Mittel für seine Politik geschaffen. Es gibt Parallelen zwischen D'Annunzios rhetorischem Stil und mitreißender Redekunst und seinen dramatischen Methoden, ebenso wie Beziehungen zwischen seiner Rhetorik und den Überzeugungs- und Propagandamethoden des Faschismus bestehen. D'Annunzio bereitet auf der Bühne das vor, was auf den Plätzen geschehen wird. Sein Kult des Primitiven nimmt im Theater riesige Dimensionen an. Er beschwört eine *unzivilisierte Welt* mit elementaren Leidenschaften auf der Bühne herauf, die er ebenso im Unterbewußtsein des modernen Menschen für vorhanden hält: Wollust, Stolz, Instinkt, tatendurstige Helden, geopferte Frauen, Ströme von Blut thematisieren immer wieder in seinen Dramen einen politischen Übergang von tradierten Machtverhältnissen zu einer gewaltsamen Machtübernahme. Diese ursprüngliche, primitive Welt sucht er bei den Griechen ebenso wie im archaischen Kontext der wilden Abruzzen, die heidnisch und christlich zugleich sind.

Hier spielt die pastorale Tragödie in Versen *La Figlia di Jorio* (1903). Der primitive Mann steht als Symbol für Leben, Stärke und Erneuerung, als universales Symbol der Macht, die Frau dagegen repräsentiert «das ewig Weibliche». Als Herrin der Liebe und des Todes ist sie die femme fatale, die Angebetete, aber auch das Symbol des Opfers, die Verkörperung des ewigen Geheimnisses des Lebens und der Sexualität. Sexualität wird auf dem Scheiterhaufen zugrunde gerichtet, um die Geburt der Macht ans Licht zu bringen. Bereits in den früheren Romanen D'Annunzios war die Frau meistens als das Hindernis auf dem Weg zur Reinheit, zur Kraft, zur Stärke gestaltet worden. Die Sinnlichkeit von Ippolita Sanzio im Roman *Der Triumph des Todes*, der ursprünglich *Die Feindin* heißen sollte, war der Grund der moralischen Krise ihres Freundes. Juliane in *Der Unschuldige* trübte das Bewußtsein von Tullio Hermil, ihre Güte erzeugte ihm Gewissensbisse. Im Roman *Lust* dachte Andrea Sperelli: *Es muß für die Eitelkeit einer Frau unendlich süß sein, sich sagen zu können: in jeder Liebkosung verliert er einen Teil seines Willens und seiner Kraft an mich; und seine höchsten Ruhmesträume fallen in die Falten meines Gewandes, in den Umkreis, den mein Atem berührt.*[93] Nach der inneren Logik der Protagonisten sollte die Krise durch den Tod oder die Ermordung der Frau – Freundin und Feindin – überwunden werden. Dies ist das Schicksal der schönen Prostituierten Pantea, die in *Traum eines Herbstabends* auf einem Schiff stirbt, das in Flammen aufgeht. In *La Figlia di Jorio* erscheint wieder einmal eine weibliche Figur, die, um den Liebhaber zu retten, sich in die Flammen mit dem Aufschrei stürzt: *Die Flamme ist schön!* Das gleiche geschieht in der Tragödie *Das Schiff*, 1908. Venedig im 6. Jahrhundert ist der Schauplatz. Marco Gratico, der zur Eroberung der Meere segeln will, muß vorher die verführerische Macht der schönen Basiliola besiegen, die er dazu drängt, sich ins Feuer zu werfen.

Aus dem Antagonismus Mann–Frau, der bei D'Annunzio gleichzusetzen ist mit dem Gegensatzpaar Rein – Unrein, soll der Schrecken der Realität, das Unreine, dadurch beseitigt werden, daß die Frau vernichtet wird – indem sie zur freiwilligen Aufopferung gezwungen wird. Nur dadurch, so scheint es, kann der dannunzianische Held die eigene Befreiung von den *Niedrigkeiten des Lebens* erreichen. Fast immer hört das weibliche Opfer im dannunzianischen Theater den «Ruf der Flammen»[94]. Für den Autor soll die Zerstörung eine Erneuerung bedeuten. Auf dem Scheiterhaufen soll das Alte verbrannt werden und – wie Phönix aus der Asche – das bereinigte Neue entstehen. So erhebt sich aus ihm der Flieger in D'Annunzios letztem großem Roman *Forse che sì, forse che no* (*Vielleicht – Vielleicht auch nicht*). Seinen primitiven, zerstörerischen Instinkten ausgeliefert wird der Mann erst durch den *atto puro* (*die reine Handlung*) von diesen Instinkten erlöst. Die Katharsis, die er dadurch erlebt, ermöglicht ihm dann, seiner Bestimmung zum Übermenschentum endlich nachzugehen.

Der *atto puro* ist der Kulminationspunkt der Handlung in der Tragödie *Das Schiff*: Marco überwindet seine Leidenschaft für Basiliola, indem er sie tötet; in *Die tote Stadt* überwindet Leonardo seine inzestuöse Liebe, indem er die Schwester tötet; in *Più che l'amore* bringt der Forscher Corrado Brando, besessen von der Idee, nach Afrika zu fahren, einen Spieler um, um seine Expedition zu finanzieren. D'Annunzio will die Handlung mit dem Mythos von Ajax in Verbindung setzen und beruft sich zugleich auf den Mythos vom Übermenschen im Namen der künstlerischen Freiheit: *In Corrado Brando wird nicht der Mord verherrlicht… sondern, mit den Mitteln der tragischen Kunst, die Wirksamkeit und Würde des Mordes als prometheische Tugend gezeigt.*[95] Einzig in der Tragödie *Die Gloria* wird die Macht von Elena Comnena, einer jungen Frau mit dämonischen Zügen, dargestellt. Ruggero Flamma fühlt sich als Opfer von deren Machtgelüsten: *Mein Leben ist eingehüllt von ihrem Leben, wie der Scheiterhaufen von seinem eigenen Feuer*. Elena wird am Schluß auf dem Balkon der tobenden Menge den blutigen Dolch zeigen, mit dem sie Ruggero Flamma getötet hat. Dies alles geschieht auf der Bühne mit großen Effekten, exzessiv, orgiastisch.

Wenn man die zwei *Traumstücke* berücksichtigt, so kann man sagen, daß D'Annunzios Theater auch ein symbolistisches Theater ist, beschwert von unendlichen Monologen, Wiederholungen und langen Pausen. Es bleibt als solches für Italien ein Unikum. Im Gegensatz zu den ausländischen symbolistischen Theaterautoren, die wenig auf den Publikumserfolg zielten, wollte D'Annunzio jedoch nicht auf das Publikum verzichten, erstens aus ökonomischen Gründen, zweitens weil er aus dem Theater ein Propagandaorgan für seine Ideologien machen wollte, drittens weil er mit der berühmtesten Schauspielerin arbeitete, die eine eigene Compagnie hatte und die daher die ökonomischen Mißerfolge auch selbst tragen mußte. Eleonora Duse führte diese blutrünstigen, politischen Stücke in vielen italienischen Städten auf. D'Annunzio war meistens in den wichtigeren Städten am Morgen der Aufführung anwesend und hielt Konferenzen, denen Ovationen und Festessen folgten. In Triest und Gorizia improvisierte er Reden über *das größere Italien*. Erfolg war ihm gesichert, auch wenn das Publikum seine Stücke wenig verstand, wie zum Beispiel die Verstragödie *Francesca da Rimini* (1901), die die berühmte Episode aus Dantes «Göttlicher Komödie» wiederaufnimmt: die tragische Liebesgeschichte von Francesca, der Tochter des Guido da Polenta, Herrn von Ravenna, mit ihrem Schwager Paolo. Beide werden vom eifersüchtigen Ehemann, Gianciotto Malatesta, Herrn von Rimini, umgebracht. Das Stück, der «*divina* Eleonora Duse» gewidmet, wurde in Rom mit großem Aufwand an Kostümen, Bühnenbildern und Statisten inszeniert. D'Annunzio operierte mit Archaismen der Sprache und mit einer verfälschten Antike. Für die deutsche Übersetzung dieses Stücks wünschte er sich ausdrücklich Stefan George als den Berufensten für eine solche Nachdichtung. Jedoch trotz der Vermittlung von Hugo von Hofmannsthal erschien *Francesca da Rimini* 1904 bei S. Fischer in der Übersetzung von Karl Vollmoeller.

Weniger bei den sexuellen Blutrünstigkeiten als bei den nationalen Aufrufen auf der Bühne raste das Publikum mit. Vor allem in *Das Schiff* hißt D'Annunzio die Segel des italienischen Imperialismus. Nach dem Selbstmord Basiliolas wird Marco den Brudermord sühnen, zu dem Basiliola ihn einst getrieben hatte. Er geht aufs Meer, um zu siegen: *Bewaffne den Bug zum Angriff auf die Welt!* Der Aufruf aufs Meer zu gehen, wurde politisch sehr wohl verstanden. Die Darstellungen des Kriegs zeigen opulente Massenszenen. Fast wird auf der Bühne das zukünftige Szenario von Fiume vorweggenommen: Der Raum ist übersät mit Dekorationen, Reliquien, Menschen, die zu Statuen geworden sind. Tausende von Statisten sollten die Seele und das Gemüt des Volkes darstellen. Zunftordnung herrscht hier, technische Elemente nehmen überhand, zum Beispiel die Arbeit auf einer Werft, um ein Schiff zu bauen; große Bedeutung wird dem Material Eisen verliehen.

Es steht zu vermuten, daß jene vom Faschismus hergestellte Beziehung zwischen der Arbeiterkraft der verschiedenen Zünfte, der Technik und den heroischen Mythen schon Ende des 19. Jahrhunderts und nicht nur bei D'Annunzio aktuell war. Drei Jahre vor dem italienischen Eroberungskrieg in Libyen und sieben Jahre vor dem Ersten Weltkrieg zeigte der Erfolg des Stücks auch den Wunsch Italiens nach Eroberung und Expansion. Nach der Aufführung hallten durch die Straßen Roms in der Nacht vom 11. Januar 1908 Rufe und die Forderungen der Theaterbesucher wie: *Bewaffne deinen Bug zum Angriff auf die Welt!* Oder: *Aus allen Meeren soll ein Mare Nostrum werden.* Bei der darauffolgenden Inszenierung in Venedig stieg die Begeisterung noch höher. Auf einer Pressekonferenz konnte man nun sagen, daß eine Huldigung D'Annunzios gleichbedeutend geworden war mit einer Huldigung an das Vaterland. Jedesmal nach der ersten Aufführung eines neuen Dramas erschienen auch in der internationalen Presse längere Artikel über seinen Inhalt und seine Aufnahme beim Premierenpublikum. Dem folgten rasch Übersetzungen in mehrere Sprachen.

1900 erschien *Il Fuoco* (*Feuer*). Die Entstehungsgeschichte des Romans, des ersten und einzigen Romans der neugeplanten Trilogie der *Romane des Granatapfels*, ist lang.[96] D'Annunzio hatte den Roman schon im Sommer 1896 angefangen, ihn nach der Griechenland-Reise unterbrochen, um *Die tote Stadt* zu schreiben, und schließlich am 13. Februar 1900 beendet. Das vorletzte Kapitel in *Feuer* enthält die Beschreibung der Premiere eines Theaterstücks, und zwar *Die tote Stadt. Sollte ich keinen Triumph auf der echten Bühne haben, so bekomme ich ihn wenigstens in meinem Roman selbst, das ist eine nicht üble Art sich abzusichern.*[97] Seinem französischen Übersetzer Georges Hérelle hatte D'Annunzio anvertraut, dieser Roman sei, ähnlich dem Roman «Œuvre» von Zola, *eine Studie der Arbeit, die sich in einer Künstlerseele ereignet, während des Entstehungsprozesses seines Meisterwerks*[98]. Stelio Effrena ist der erfolgreiche Dichter und Musiker, der eine Gruppe von Anhängern um sich geschart hat. Als *Erfinder der Bilder* ist er mit einer ungewöhnlichen Gabe des Wortes ausgestattet. Ihm gelingt es, *selbst die kompliziertesten Arten seiner Empfindungen mit lebendiger Plastizität in seine Sprache zu übersetzen*[99]. Der Dichter kann *heimliche Analogien* wahrnehmen, entdeckt immer *neue Konkordanzen* zwischen den *idealen Kreaturen* und dem *unmittelbaren Gebäude des Universums*. Eine Rede, die Stelio Effrena im Dogenpalast von Venedig hält, wird ein triumphaler Erfolg. Der Text stammt aus einer Rede, die D'Annunzio tatsächlich im Theater «La Fenice» in Venedig 1895 gehalten hatte und unter dem Titel *Allegorie des Herbstes* publizierte.

Die tragische Künstlerin, Stelios Freundin Perdita, sollte im Roman die Interpretin des Werks der Zukunft werden. Sie wird gegen die jüngere Sängerin Donatella Arvale ausgespielt. Beide Antagonistinnen, die Schauspielerin und die Sängerin, hätten ihn lieben und zu seinem Werk der Zukunft beitragen sollen, dessen Planung auf D'Annunzios Auseinandersetzung mit der Tragödien-Konzeption Wagners deutet. Durch seine nationalistische Kunsttheorie will sich der italienische Dichter vom übermächtigen Vorbild des Deutschen abgrenzen, um ihm am Ende um so mehr zu huldigen.

Stelio Effrena konzipiert ein *Teatro d'Apollo* auf einem Hügel in Rom, das die Kuppel des Petersdoms überragen und Bayreuth übertreffen soll. Der Hügel, *ganz grün, mit kleinen Wiesen, mit Platanen, Zypressen, Lorbeeren und Steineichen bedeckt*, würde der lateinischen Rasse dazu verhelfen, *ihre vergangene Größe wiederzufinden. Ich glaube, daß die Dichter und die Einfältigen hier das Weben der Waldnymphen und den Atem des großen Pan vernehmen können.*[100] In «La Tribuna» vom 2. August 1897 hatte D'Annunzio den Artikel *Die Geburt der Tragödie* veröffentlicht. Anläßlich der Eröffnung des römischen Freilichttheaters in der französischen Stadt Orange erhob er die Forderung einer Rückkehr zur Welt der Antike. Das Theater sollte eine Einheit mit der Natur unter freiem Himmel wiederherstellen. (D'Annunzio und Eleonora Duse hatten tatsächlich ein solches Projekt vor. Es wurde jedoch nie realisiert.) Stelio entwickelt dabei seine Dramenpoetik aus der Gesamtkunstwerk-Konzeption Wagners. Als Erbe Wagners darf er am Ende des Romans ihn auf einer Gondel treffen und bei einem plötzlichen Unwohlsein Wagners ihn zum Palazzo Vendramin tragen. Diese theatralische Szene läßt die Romanhandlung mit einer Botschaft abschließen: Wagner stirbt, D'Annunzio läßt Germania die hohe, schöne Kunst an Italien übergeben. Auch Perdita, wie Kundry in «Parsifal», hat nur den einen Wunsch zu dienen: *Ich will für Dein schönes Unternehmen arbeiten. Um die Schätze von Mykene wiederherzustellen, braucht man viel Gold! Und alles um Dein Werk herum muß den Anschein ungewöhnlicher Pracht gewähren... Und ich will hauptsächlich die Möglichkeit haben, Deinen Wunsch zu befriedigen.*[101]

Feuer ist ein Liebes- und Künstlerroman, dessen Faszination, bei aller Schwülstigkeit, aus einer raffinierten lyrischen Prosa herrührt. Wort- und Satzwiederholungen, Vorausdeutungen und Rückbezüge, eine Überfülle an mythischen Bezügen, Systeme von Analogien bilden eine Verkettung von mehreren Bedeutungsebenen: Venedig als ein Reich des Untergangs, das in Analogie zur alternden Schauspielerin gesetzt wird; Boote, beladen mit Herbstfrüchten und Granatäpfeln, nach der Mythologie den Früchten Persephones, der Königin der Unterwelt und Göttin der Fruchtbarkeit; modernes Wasser an den Laguneninseln, die Züge der Unterwelt annehmen; Gondeln wie die Charon-Barke; Todesahnungen in der Herbststimmung. Dem gegenüber stehen, lebensbejahend, das Motto Stelio Effrenas *mit Freude schöpfen*, der berauschende Klang der vielen Glocken Venedigs, die Prachtfarben der Malerei Paolo Veroneses und Tintorettos «Hochzeit der Ariadne und des Bacchus». Aneinanderreihungen, Vergleiche mit Hunderten von Kunstwerken und Namen, eine eigenwillige Preziosität der Worte erschweren jedoch die Lektüre. Das Wort *Epifania* (eine Art plötzlicher Offenbarung; der erste Teil ist betitelt *Epifania del fuoco*) soll besonders James Joyce, einen begeisterten Leser dieses Romans, angeregt haben. Dies hat Umberto Eco in seinem Artikel «In Joyce c'è anche D'Annunzio» ausführlich untersucht.[102]

Der Verfasser der «Laudi»

Poeta di vita totale

Von 1900 bis 1905 hat D'Annunzio 20000 lyrische Verse und 12000 für seine Dramen geschrieben. Jede Verszahl wurde von ihm penibel am Papierrand vermerkt. Diese Arbeitswut, *in bezug auf die Arbeit bin ich wie von einer Furie gepackt*[103], hat ihn tatsächlich dazu gebracht, wie die Statistik zeigt, in 40 Jahren über 21000000 Zeilen Verse und Prosa zu schreiben, das heißt mehr als 1000 pro Tag. Ein beispielloser Rekord. *Ich öffne keine Briefe und lese keine Zeitungen... Es gibt kein anderes Geräusch auf der Welt als das meiner Feder, und es gibt nur das Weiß meines Fabriano-Papiers... Ich hatte im letzten Ansturm 22 Stunden hintereinander gearbeitet: von Mittwoch morgen um neun bis Donnerstag abend um sieben, ohne Pause: nur ein paar rohe Eier und etwas Obst habe ich zu mir genommen, festgeschmiedet an der Bank meiner lustvollen Marter.*[104] Mit solcher fast unglaublichen Besessenheit hat er zwischen 1898 und 1903 die *Laudi* verfaßt, deren vollständiger Titel lautet: *Die Lobgesänge des Himmels, des Meeres, der Erde und der Helden.*

Sieben Bücher waren geplant, nach den Namen der sieben Pleiaden. 1903 erschien der erste Band *Maia*, 1904 der zweite Band mit den Gedichtzyklen *Elettra* und *Alcyone*. *Merope* und *Asterope*, das vierte und das fünfte Buch, wurden erst 1914 und 1918 publiziert. Mit den *Lobgesängen*, dithyrambischen Hymnen in freien Rhythmen, übernimmt der Dichter die Funktion des Poeta vates und wagt sich an ein Epos, das er *poema di vita totale* nennt, *Epos des ganzen Lebens*. Gemeint ist die moderne und die alte Welt in ein Epos zu fassen, das alles abbilden soll – den Ruhm, die Grausamkeit, den Schrecken, die Mythen, das Leben. Auch die Existenz der Massen bekommt in dem Abbild der totalen Lebenserscheinungen ihren eigenen Platz, aber nur als orientierungsloses Gebilde, das auf Führung wartet, eine Masse mit *wilden Gesichtern*, die wünscht, *aus ihrem Kummer eine einzige Wut zu machen.*

Das in drei Teile gegliederte erste Buch *Maia* ist ein Gedichtzyklus von 8400 Versen, der die dionysische Freude verherrlichen will. Der Dichter und Protagonist, eine Art moderner Odysseus, erfährt seine Initiation durch eine Reise nach Griechenland, in einem Land, in dem die Gegensätze aufeinanderprallen – die Wunder der modernen Zeit und der Niedergang antiker Städte. Hier scheint nur noch die Natur sich wie in den

Mythen erhalten zu haben. Von Delos aus kehrt der Dichter nach Rom zurück, in die Sixtinische Kapelle und zu Michelangelos Sibyllen – der *Hymnus an die Delphische* gilt der delphischen Sibylle –, um dann in der Wüste das Rätsel des Sphinx auf seine Weise zu lösen.[105] Bei seiner modernen Odyssee hört der Dichter am Schluß, so wie am Anfang, die Stimme: *Komm, wach auf, es ist Zeit / Erhebe Dich / Nimm wieder das Steuer / Seefahrt tut not / nicht Leben.* In diesem *Epos des ganzen Lebens* ist dem Dichter alles nahe, Vergangenheit und Gegenwart dringen auf ihn ein. Sein Ich soll in die Nähe zu allem rücken – ein Universalitätsanspruch, der auch in anderen Dichtern seiner Zeit gegenwärtig ist, von Friedrich Nietzsche bis zu Fernando Pessoa.

Auch im zweiten Gedichtband *Elettra* wird die Antike, diesmal die römische, Ausgangspunkt, um die Situation Italiens anzuprangern und eine neue Zukunft heraufzubeschwören. Mit dem Rückgriff auf die Mythen, *Pan non è morto* (*Pan ist nicht gestorben*), wünscht sich der Dichter eine moralisch-politische Erneuerung der Nation gegen die Zerfallserscheinungen moderner Zivilisation. Intimeren Ursprungs ist die Mythen- und Naturverherrlichung des dritten Buchs *Alcyone* mit 88 Gedichten über den Sommer, die in eine Naturhymne münden: ein Zyklus, den die Kritik schon von Anfang an als «Wunder», als «absoluten Gesang» bezeichnete. Nach der Lobpreisung des Heldentums findet der Dichter die Töne der ersten Verse von *Canto Novo* wieder. Er vergißt einen Augenblick die Helden und den Willen und betrachtet wieder die Natur. *Alcyone* ist der Name eines Sterns und der der Tochter des Aiolos, die von Zeus in einen Eisvogel verwandelt wurde. Mythische Natursymbiosen, die Ovidschen Metamorphosen sind das zentrale Motiv des Werks. Der Schauplatz ist die Versilia, die Küste nordwestlich der Toskana, mit Pinienwäldern, dem Meer und hohen Bergen. D'Annunzio hat immer seine vielen Landschaftseindrücke notiert, Situationen, Stimmungen, denen er oft erst durch den Rückgriff auf antike Mythen Bedeutung verleiht. In seiner pantheistischen Ekstase verliert der Dichter seine Identität in der Natur und setzt sich den Göttern gleich. Er fühlt sich in einen Zentaur verwandelt, um die Flüsse zu genießen, und in Ikaros, um zu fliegen.

Auf D'Annunzios Werke rückblickend entdeckt man, daß ein solch ‹begnadeter› Zustand schon einmal in *Feuer* beschrieben wurde. Stelio, der einen Ausflug mit Perdita in die Villa Stra an der Brenta gemacht hat, versteckt sich im dortigen Labyrinth-Garten wie ein Faun auf der Lauer: *Das Spiel regte ihn an: alle seine Glieder wurden warm und geschmeidig… und die geheimnisvolle Wildnis, der Kontakt mit dem Boden, der Herbstduft… selbst die Gegenwart der steinernen Gottheiten mischten in seine körperliche Lust einen Anschein antiker Poesie… Auf allen vieren war er eingedrungen in das Gesträuch… und da er freudig klopfenden Herzens in dem Zweiggeflecht atmete und sich mit allen seinen Sinnen dieser Lust hingab, empfand er die Gemeinsamkeit seines Lebens mit dem Leben der*

Bäume inniger, und der Zauber seiner Einbildungskraft erneute in diesem Gewirr unklarer Wege die Geschicklichkeit des ersten Flügelkünstlers, den Mythos des von Pasiphae und dem Stier geborenen Ungeheuers, der attischen Sage von Theseus auf Kreta. Diese ganze Welt wurde lebendig für ihn.[106]

Am Schluß von *Alcyone* ertönt die elegische Klage über den vergehenden September, über den vergangenen Sommer als dem Höhepunkt Arkadiens. Mit *Alcyone* wurde D'Annunzio zu Recht in die Nähe von Shelley gerückt und viele Dichtungen dieses Zyklus wurden in der Öffentlichkeit bekannt und machten ihn als Dichter berühmt. Die alternierenden Verse mit zwei bis fünf Silben besitzen einen höchst musikalischen Rhythmus. *La pioggia nel pineto* ist das bekannteste Gedicht dieses Zyklus, das man zuallererst mit dem Namen D'Annunzio verbindet, eine Strophe von 32 längeren und kürzeren, frei gereimten, manchmal nur aus einem Wort bestehenden Versen, die lautmalerisch Impressionen und Klang eines *Sommerregens unter einem Pinienwald* wiedergeben:

> *Schweige. Auf den Schwellen*
> *des Waldes höre ich nicht*
> *Worte, die du sagst,*
> *menschliche; aber ich höre*
> *neuere Worte,*
> *wie sie tropfen und Blätter sprechen*
> *in der Ferne.*
>
> ...
>
> *Hörst du? Der Regen fällt*
> *auf das einsame*
> *Grün*
> *mit einem Prasseln, das andauert,*
> *an- und abschwillt in der Luft,*
> *je ob das Laub*
> *spärlicher, weniger spärlich ist.*
>
> ...
>
> *Und eingetaucht*
> *sind wir in den Geist,*
> *den waldhaften,*
> *baumhaftes Leben lebend*
> *und Dein Antlitz trunken*
> *ist weich von Regen*
> *wie ein Blatt,*
> *und Deine Haare*
> *duften wie*
> *der helle Ginster,*

*o irdisches Geschöpf,
die Du heißt
Ermione.*

Stilistisch hat er der italienischen Literatur mit den *Lobgesängen* den freien Vers gegeben, obwohl Futuristen und die nachfolgende Dichtergeneration ihm diese Urheberschaft streitig gemacht haben.[107] Nicht zu leugnen ist der Einfluß D'Annunzios als Verfasser der *Lobgesänge* auf die Thematik, Wortwahl, Syntax und Metrik nachfolgender bedeutender Dichter wie Ungaretti, Quasimodo, Sbarbaro, Montale. Die Art, wie für D'Annunzio und viele Vertreter der décadence Dichtung religiöse Ekstase und gleichzeitig eine ästhetische und erotische Ekstase meint, ist zum Beispiel bis zu Pier Paolo Pasolinis «Usignolo della Chiesa cattolica» und «Teorema» zu verfolgen.[108] Der Dichter Eugenio Montale schrieb 1956: «D'Annunzio ist in uns allen, weil er alle linguistischen Möglichkeiten unserer Zeit ausprobiert und gestreift hat. In diesem Sinne nichts von ihm gelernt zu haben, das wäre ein schlechtes Zeichen.»[109]

Im Sommer 1909 hatte der Dichter die prunkvolle Villa «Capponcina» verlassen müssen – *sie haben hier meine Pferde beschlagnahmt, morgen werden sie vielleicht die überflüssigen Schuhe und Hemden mitnehmen... Was aber nicht wesentlich wichtig für jemanden wie mich ist, der seinen Reichtum im Gehirn trägt.*[110] Er wohnte in der Villa eines Freundes an der Arno-Mündung in der Nähe von Pisa. Dies war die Landschaft von Alcyone. So hatte ihm die dichterische Phantasie vielleicht geholfen, die Realitäten zu vergessen. In jenen Tagen dachte der abergläubische D'Annunzio sogar zu sterben, am 17. Juli 1909, wie eine Wahrsagerin ihm prophezeit hatte. *Ich leide nicht darunter, mich von den alten Sachen zu trennen... sondern unter meinem Gedanken, dem diese Sorgen die Kraft und die Frische rauben... und das schöne Buch wird nicht entstehen... Vorhin sah ich aus dem Fenster die Hühner meiner Hausmeisterin... wäre ich eins von ihnen, würde mich keiner daran hindern, mein Ei zu legen.*[111]

Zehn Jahre nach *Feuer*, trotz seiner katastrophalen privaten Lage, entwarf D'Annunzio seinen letzten großen Roman. Die Prosa zog ihn wieder an *wie eine Geliebte, die nach langem Streit unendlich viel schöner und inbrünstiger geworden ist*[112]. Der Titel des neuen Romans, den er als einen Roman *der tödlichen Leidenschaft* ankündigte, war schon mit seinem Verleger abgesprochen worden: *Du hattest mir empfohlen, beim alten Spruch von Vincenzo Gonzaga zu bleiben: «Forse che sì, forse che no»* (*Vielleicht – Vielleicht auch nicht*) – damit meinte D'Annunzio die Inschrift an der Holzdecke eines Saals des Palazzo Ducale in Mantua am Rand einer Labyrinthdarstellung. *Meine Kühnheit ist gegenwärtig grenzenlos. So viele Jahre dramatischer Reduktion haben meinem Stil eine kräftige und stolze Schlichtheit verliehen. Wenn ich Dir das Buch bringe, will ich das Gefühl haben, Dir einen «Vollblüter» zu übergeben... schäumend vor Schnelligkeit... ich suche diese «Animalität». Hilf meiner sinnlichen Natur, die mit den Jahren sich verschärft hat, statt still zu werden. Die Schönheit meines Buchs muß zu ertasten sein!*[113] Der beflügelte Pegasus als Sinnbild des Mythos vom Fliegen steht am Ursprung dieses Romans. Um sich persönlich zu vergewissern, verbrachte der Dichter einen Tag in Mantua am 9. September 1909, dann jene vier Tage in Brescia, die eine große Bedeutung für die zweite Hälfte seines Lebens haben werden. Vom 8. bis zum 20. September 1909 wurde in Brescia ein Fliegertreffen veranstaltet. Es waren die ersten internationalen Flugtage Italiens, eine Massenveranstaltung mit fast 50000 Zuschauern. Louis Blériot und andere erfahrene Piloten wie Rougier und Glenn Curtiss nahmen daran teil, viel Adel schaute dem fliegerischen Können zu. Franz Kafka, der zufällig zu dieser Zeit in Riva am Gardasee Ferien machte, berichtet über das Ereignis[114] und bemerkt unter den Prominenten Giacomo Puccini und den Dichter D'Annunzio, der ihm klein, schwach und schüchtern vorkommt. Der sechsundvierzigjährige D'Annunzio wird hier nicht nur zuschauen, sondern am Morgen des 12. September seinen ersten Flug erleben. Er fliegt einmal mit Glenn Curtiss und dann mit dem Wright-Doppeldecker des Italieners Mario Calderara. Der Ruhm dieser kühnen Tat verbreitet sich weit über die Grenzen Italiens hinaus.

Auf dieses Erlebnis bezog sich die Romanhandlung von *Forse che sì, forse che no*, in dem der Dichter den Mythos der Maschine an den Gedanken des Übermenschentums bindet. Der Flug der Hauptfigur Paolo Tarsis durch die Weite des Himmels bedeutet für den Helden endlich die im ganzen Werk D'Annunzios gesuchte große Heldentat und die Befreiung von der sexuellen Gefangenschaft. Die Geschwindigkeit des Flugs vermag es, den Menschen-Mann über sein Schicksal und über irdische Bindungen an Leidenschaften zu erheben. Von den zwei Schwestern Vana und Isabella, die Paolo Tarsis lieben, bringt sich die eine um, während die *perverse* Isabella, die eine inzestuöse Liebe mit ihrem Bruder auslebt, verrückt wird. Paolo Tarsis hat nicht die Hemmungen und Unsicherheiten von Giorgio Aurispa in *Der Triumph des Todes*, er ist modern, männlich, frei von Selbstzweifeln, ein Mann der Tat mit einfacher Seele. Er ist kein Künstler und kein Intellektueller. Er liebt Isabella – eine typische Dame des ausgehenden 19. Jahrhunderts mit all den dekadenten Zügen der Seele, aber mit einem Aussehen wie aus dem 20. Jahrhundert, mit einer schmalen Figur, dem engen Rock und zwei spitzen Knien, die an die Schwalben erinnern. Er ist ein Sohn des Jahrhunderts der Geschwindigkeit, der Eroberung des Raums. D'Annunzio liebte seinen Roman sehr, in dem er das Fliegen verherrlichte, bevor ihm der Krieg die Möglichkeit bot, mit seiner Figur Paolo Tarsis tatsächlich zu konkurrieren. Wegen der Aktualität des Stoffs wurde der Roman ein rascher Erfolg. Noch während der Entstehung des Romans hatte D'Annunzios neue Freundin Daniela

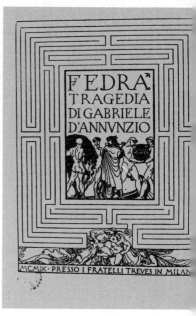

Titelblätter von Erstausgaben, 1908 bis 1913

de Goloubeff unter dem Pseudonym Donatella Cross mit der französischen Übersetzung angefangen. Vom 10. Januar bis zum 10. April 1910 erschien der Roman in sieben Folgen in der «Grande Revue». Gleichzeitig, im Januar 1910, brachte Treves die erste Ausgabe heraus. Sie war innerhalb weniger Tage ausverkauft. Schon im Februar druckte Treves die zweite Auflage und im selben Jahr 1910 erschien auch die deutsche Übersetzung. Der Roman wurde rasch zu einem europäischen Bestseller, dem aber Kritik nicht erspart blieb. Man warf D'Annunzio vor, Inzest sei für ihn nun ein Dauerthema geworden, etwas Alltägliches: «Der Titel war umstritten, noch bevor der Roman erschienen war; der Text erreichte das Publikum, noch bevor er zu Ende geschrieben war; von der Kritik ward er verrissen, noch bevor er gelesen wurde; dieser Roman trägt wirklich das Schicksal seines Titels mit sich.»[115]

Die Ankündigung einer Ästhetik des 20. Jahrhunderts, der Mythos der Schnelligkeit, der Aggressivität und ihrer Anwendung in einer technisierten Welt, machen diesen Roman für uns heute leichter lesbar als *Feuer*. Dem Stil dieses Romans sind Kühnheiten der Sprache der Futuristen nicht fremd, besonders bei der Beschreibung des Wettkampfs in der Luft, bei dem der Flieger und Freund Paolos stirbt. Auch hier steigert sich der Mythos der Geschwindigkeit zur Verherrlichung des Kriegs und des Nationalismus, wie zum Beispiel bei Marinetti, der den Patriotismus als die Geschwindigkeit einer Nation bezeichnete. Aber es ist D'Annunzio nicht gelungen, neue Worte und eine neue Ästhetik für die Moderne zu finden, denn zu viele Begriffe erinnern an alte griechische Mythen. Für die Bezeichnung des Flugzeugs findet er zum Beispiel die mythologische Umschreibung *Ikarische Maschine*, doch schon 1909 waren Gedichte mit dem futuristisch klingenden Titelwort «Aeroplani» (Flugzeuge) erschienen. D'Annunzios Roman ist ein moderner Roman, der noch den alten Schemata der Literatur des 19. Jahrhunderts untergeordnet ist. Von Marinettis Modernismus, der im «Manifest der futuristischen Maler» (Mailand, 11. Februar 1910) sich dafür ausgesprochen hatte, gegen den Kult der Vergangenheit, gegen «jede Form der Nachahmung», gegen «Harmonie und guten Geschmack» zu kämpfen, blieb D'Annunzios kulturbewahrende Haltung weit entfernt. Die «Banalität und die krämerhafte, liederliche Leichtfertigkeit, die die meisten anerkannten Künstler in allen Teilen Italiens so zutiefst verachtenswert machen», bezog Marinetti sicher auch auf D'Annunzio. In seinem auf französisch 1908 erschienenen Buch «Les Dieux s'en vont, D'Annunzio reste» beschrieb er D'Annunzio als museale Kulturgröße, als die Tradition, die es zu bekämpfen galt.[116]

Der verkannte Fürst

Trotz des großen Romanerfolgs und der hohen Vorauszahlungen von Treves betrugen D'Annunzios Schulden über eine halbe Million Lire, und die Gläubiger standen schon nicht mehr vor der Tür, sondern im Haus. In dieser Unruhe war es für ihn nur günstig, 1910 der Einladung seiner Freundin, der russischen Aristokratin Daniela de Goloubeff, nach Paris zu folgen. *Ich bin nach Paris gefahren, um das Osterwochenende dort zu verbringen.*[117] Er blieb von März 1910 bis Mai 1915 und nannte diese fünf Jahre eine Zeit des *freiwilligen Exils*. Der Dandy und homosexuelle Dichter Robert de Montesquiou-Fezensac, sein begeisterter Verehrer, führte ihn in die literarischen Pariser Salons ein. Man gab große Empfänge ihm zu Ehren, und so lernte D'Annunzio schnell die Kulturwelt kennen: Anatole France, André Suares, Marcel Boulanger, Maurice Barrès, Cécile Sorel, Igor Strawinsky, Claude Debussy, Isadora Duncan. Er besuchte die Aufführungen des russischen Balletts von Diaghilew mit dem Tänzer Nijinsky und der Mimin Ida Rubinstein, das in Paris gerade Furore machte.

Fast prophetisch klingt die Bemerkung des von D'Annunzio verehrten Maurice Barrès, der 1910 über ihn in seinen «Cahiers» notierte: «... ein harter kleiner Soldat.» Der Frauenheld, der Ästhet fand beim strengen Nationalisten Barrès keinen Beifall, aber, notierte der Franzose, «man kann mit ihm sprechen, er besitzt ein Fundament, ein gutes Gespür. Er ist ein Geschäftsmann auf der Suche nach Auftraggebern.»[118] André Gide, der D'Annunzio schon einmal vor fünfzehn Jahren gesehen hatte, fand ihn jetzt «noch kleiner und verschrumpfter, der Mund grausamer als sinnlich, die Stirn relativ schön, das Genie überwiegt in ihm die natürlichen Gaben, das Kalkül den Willen»[119]. Eine gegenseitige Bewunderung kündigte sich sofort zwischen Anatole France und D'Annunzio an, ein «grand Français» und ein «grand Italien» sparten nicht mit gegenseitigem Lob und freundlichen Widmungen, und die zunächst kühle Begegnung mit der bekannten Dichterin Anna de Noailles, die einen berühmten Salon in Paris führte, verwandelte sich in eine Freundschaft «unter Gleichen». Beim jungen Dandy, Journalisten und Verfasser von heute weniger bekannten Kurzerzählungen Marcel Boulanger und seiner schönen Frau Suzanne in Chantilly war D'Annunzio bald wie zu Hause. Mehrere Litera-

*Paul Valéry,
mit Widmung an
D'Annunzio*

ten, die in der Nähe wohnten, machten Chantilly zu ihrem Treffpunkt. Außerdem wohnten die Boulangers direkt an dem Schauplatz von Hunderennen, die D'Annunzio leidenschaftlich gern besuchte.

Aber D'Annunzio ist nie sehr lange in der Großstadt geblieben, regelmäßig folgte einer Zeit intensiven mondänen Lebens der Rückzug in die arbeitsreiche Einsamkeit. Auch jetzt in Frankreich verließ er nach einigen Monaten Paris und zog im Juli 1910 in die Villa Saint-Dominique in Moulleau, 5 Kilometer von Arcachon entfernt. Das eher bescheidene Haus befand sich direkt an der Atlantikküste am Rand eines Pinienwaldes mit direktem Zugang zum Meer. Der Ort, mit den Pinienwäldern und dem mild feuchten Klima, muß ihn an den Strand in der Nähe von Pisa erinnert haben. Das neue Haus hatte Romaine Brooks-Goddard für ihn gefunden. Die gebürtige Amerikanerin, die getrennt von ihrem homosexuellen britischen Ehemann John Ellingham Brooks lebte, war in Paris durch Porträts von Berühmtheiten wie Ida Rubinstein sehr bekannt geworden. Ihre Lieblingsfarben Schwarz, Grau und dezentes Weiß trafen den Geschmack der Zeit. Auch von D'Annunzio malte sie zwei berühmte

Porträts. Er nannte sie *Cinerina* (*Die Aschgraue*) und schrieb ihr Gedichte. Ein Briefwechsel mit 124 Briefen und 150 Telegrammen von Romaine Brooks und 30 Kopien der Briefe D'Annunzios sind im «Vittoriale» erhalten. Daniela de Goloubeff mietete in Arcachon die benachbarte «Villa Blanche» und widmete sich mit D'Annunzio ihrer gemeinsamen Windhundzucht. Das eingerichtete Châlet D'Annunzios wirkte bald schon wie «La Capponcina», die währenddessen vom 1. bis zum 12. Juni 1911 endgültig versteigert wurde. *Der schlimmste menschliche Geruch wird sich dort verbreiten, wo einst die Wärme meines Geistes in den arbeitsamen Nächten ausstrahlte... Beginnt jetzt ein neues Leben? Es kommt mir vor, als würde ich den Schrei der Dinge durch die Entfernung hören.*[120]

Ende Juni 1911 zog die neue Hausdienerin Amélie Mazoyer, von

Daniela de Goloubeff

Romaine Brooks. Selbstporträt

D'Annunzio Aélis genannt, in die Villa «Saint-Dominique» ein. Sie wird eine wichtige Rolle im Leben D'Annunzios spielen. Offiziell war sie die Haushälterin, wurde aber bald D'Annunzios Liebhaberin, die einzige, die ihm nach Venedig während des Kriegs folgt, ihn in Fiume und bis zum Tod im «Vittoriale» begleiten wird. Eifersüchtig auf die Goloubeff, die Duse und jede spätere Frau D'Annunzios, dabei ihm völlig ergeben, starb sie 1965. Aélis hat ein Tagebuch hinterlassen, das, zum Teil veröffentlicht, im «Vittoriale» aufbewahrt wird, ein Tagebuch voller Äußerungen über D'Annunzios Liebesleben, eine Fundgrube für die Liebhaber intimer Anekdoten.

In Arcachon begann D'Annunzio sofort an dem Drama *Le Martyre de Saint Sébastien* zu arbeiten – er schrieb auf französisch –, einem Gemeinschaftswerk Claude Debussys und D'Annunzios. Ida Rubinstein tanzte die Hauptrolle des heiligen Sebastian. Mit ihrem schmalen Körper und den berühmten langen Beinen verkörperte die Russin das Ideal einer hermaphroditischen Schönheit, sie war die Figur auf den Bildern Gustave Moreaus, die ganz Paris faszinierte. Als D'Annunzio sie in der Opéra in der Rolle der Cleopatra tanzen sah, soll er zu seinem Sekretär Tom Antongini, der von nun an ihn immer begleitet, seinem späteren Biographen, gesagt haben: *Sie hat die Beine des heiligen Sebastian, die ich schon seit Jahren suche.* (Erst in den Tagebüchern dieser Zeit erwähnt D'Annunzio die kurze Liebschaft mit der Journalistin Olga Ossani und die Episode mit ihr im Garten der Villa Medici, als der erfolgreiche junge Dichter und Journalist, 1884 in Rom beim nächtlichen Spaziergang, sich von der Freundin nackt an einen Baum fesseln ließ, dem heiligen Sebastian gleich.)

Gabriele d'Annunzio war schon immer von der Geschichte des heiligen Sebastian fasziniert, des Führers der Bogenschützen des Kaisers Augustus, der sich zum Christentum bekehrte. Er geht ohne Waffen und läuft barfuß über heiße Glut, um die Macht des neuen Gottes zu demonstrieren. Er wird zum Tode verurteilt, seine Bogenschützen versuchen ihn vergeblich zur Flucht zu überreden. Sebastian sehnt sich nach dem Martyrium, er will sterben. Sein schöner Körper ist an einen Lorbeerbaum gefesselt, die Bogenschützen schießen auf ihn *mit den schönen Pfeilen* – Ästhetisierung des Sterbens –, sie schießen aus Liebe und Sebastian stirbt

Am Strand von Arcachon

Anna de Noailles

aus Liebe zum Tod. D'Annunzio erzählt, schon lange sei in ihm die Liebe zu diesem Jüngling gewachsen, einem Adonis, nur vom christlichen Mythos verwandelt. In *Le Martyre* vereinen sich Schönheit, Sehnsucht, Tod, die blutigen «Tränen des Eros», um mit Georges Bataille zu sprechen: die Überwindung der Todesangst durch eine kosmische Ausdehnung des Eros.

Gabriele d'Annunzio schrieb das Mysterienspiel in erstaunlich kurzer Zeit, vom Herbst 1910 bis März 1911. Das Werk, womit er wieder zum Theater zurückkehrte, besteht aus einem Prolog und fünf Akten, die er *mansioni* nannte. *Ich habe geschrieben nach den Regeln Eurer Mysterien, und zwar achtsilbige Verse in antiken Formen, rondels, villanelle. Ich habe mir die Mühe gemacht, alle Begriffe auszusortieren, die nicht mindestens* *schon seit vier Jahrhunderten überliefert sind.*¹²¹ Dies geschah mit Hilfe einer Unzahl von Wörterbüchern. So sprach Ida Rubinstein auf der Bühne eine künstliche Sprache, die, wie Léon Blum, damals Kritiker der «Revue Blanche», schrieb, «alle Hilfsmittel und alle Reize des französischen Vokabulars in seinen verschiedenen historischen Zuständen zusammenfaßt». Beim Schreiben hatte D'Annunzio sich nur die «Matthäuspassion» von Johann Sebastian Bach angehört.

Die Vorbereitung des Stücks entstand in Zusammenarbeit: Montesquiou sammelte ausführliches Bildmaterial, der Sekretär Antongini recherchierte in der Bibliothèque Nationale, Ida Rubinstein besuchte D'Annunzio regelmäßig und diskutierte mit ihm über die Arbeit. Die Musik zu dem Text wurde in drei Monaten von Claude Debussy komponiert. Das Werk war in seinen Ausmaßen und seiner Form ungewöhnlich. Es greift auf die Form des gesprochenen, gespielten und getanzten Dramas mit Gesangsrollen, Chören, langen, symphonischen Episoden zurück. Es wurde ein Gesamtkunstwerk von vier Stunden Länge.¹²² Das Fehlen einer dramatischen Handlung wird durch die Faszination des exo-

Der Tierpfleger

Ida Rubinstein

tischen Szenariums und die Suggestivkraft der Musik ersetzt. Das heroisch-erotische Thema gleitet in Sehnsuchtsstimmungen und Mystizismus ab – oft in eine sadistische Sehnsucht und in sakrilegische Äußerungsformen. Die archaische Sprache und eine starke sado-erotische Symbolik vermischen sich mit liturgischem Vokabular. Deshalb erinnerte der Bischof von Paris eine Woche vor der Uraufführung daran, daß die Römische Kirche einen Monat zuvor die Bücher von D'Annunzio auf den Index gesetzt hatte.

Am Abend des 22. Mai 1911 fand die Uraufführung im Théâter Châtelet statt, in der Choreographie von Michel Fokin und in der Regie und Ausstattung von Léon Bakst und mit den Tänzern Anna Pawlowa und Nijinsky. Das Stück war ein mäßiger Publikumserfolg, Kritiker aber waren trotz der außerordentlichen Länge des Textes begeistert. Großen Anklang fanden die Kostüme von Bakst mit einem Dekor, das den Glanz von Byzanz vor Augen führte. Bewundert wurde Ida Rubinstein. Gelobt wurde vor allem die Musik Debussys. Claude Debussy dachte später daran, das Drama in eine Oper zu verwandeln. D'Annunzio hatte dazu bereitwillig auch Streichungen vorgenommen und die nötigen Übergänge geschrieben. Debussy starb aber, ohne den Plan auszuführen. Eine theatralische Aufführung dieses Werks ist immer schwierig gewesen und wurde oft eher als Oratorium dargeboten. Im April 1988 hat der amerikanische Theaterregisseur Robert Wilson *Le Martyre*, «diesen emblematischen Mikrokosmos auf der Schwelle zum Ersten Weltkrieg»[123], in Zusammenarbeit mit der Opéra in Paris wieder aufgeführt. Auch diesmal waren die Franzosen begeistert.

Le Martyre war dem nationalistisch gesinnten Dichter Maurice Barrès gewidmet. Obwohl auch er der Faszination der Fülle dekadenter Visionen und Erscheinungen erlag, gab er in seinem Dankesbrief deutlich zu verstehen, daß er selbst eine andere Wahl getroffen habe, «alle Eure Träume, wie habe ich sie geliebt... Aber, ich will nicht dorthin, wo es Fieber gibt. Ich liebe die Gesundheit... Ich wäre wie Ihr geworden, käme ich nicht aus einem Land mit Pflichten.»[124] Ein Werk auf französisch zu schreiben und einen großen Erfolg bei der Kritik zu haben – auch die Franzosen waren sich darüber einig, daß das Stück ein «Wunder» der Sprache und des Aufbaus war – ist nicht gewöhnlich. Zu Hérelle hatte D'Annunzio am Beginn ihrer Freundschaft geäußert: ...*die französische Sprache ist die Sprache der Wagnisse. Damit meine ich nicht die jüngsten Schriftsteller; ich denke an die solide Sprache von Gustave Flaubert, an die üppige Syntax von Théophile Gautier*[125], und ihm anvertraut, *manchmal habe ich daran gedacht, daß es sich lohnen würde, die Alpen zu überqueren, um eine Tat innerhalb der Mauern von Paris zu unternehmen, mit Euch als Geschäftspartner*[126]. Nun hatte D'Annunzio dies verwirklicht.

In Arcachon war D'Annunzio sehr arbeitsam, fast wie in den Jahren von «La Capponcina». Die auf *Le Martyre* folgenden Werke sind jedoch weniger gelungen.[127] Er arbeitete wieder in italienischer Sprache. Die Tragödie *La Parisina* ist eine Inzestgeschichte, deren Text als Libretto für eine Oper von Pietro Mascagni diente, die in Mailand im Dezember 1913 aufgeführt wurde. Betroffen vom Tod seines Nachbars und Vermieters Adolphe Bermond schrieb D'Annunzio die Prosaarbeit *La contemplazione della morte*. Eros und Gewalt, die ästhetisierende Erotik der Grausamkeit sind auch das Thema des wieder auf französisch verfaßten Theaterstücks *La Pisanelle ou la mort parfumée*, eines Dramas in Versen, von D'Annunzio Komödie genannt, 1913 in Paris mit Ida Rubinstein aufgeführt. Die schöne Hure Sainte Alétis wird von Zyperns König Huguet geliebt und in seinem Palast empfangen. Er tötet seinen Onkel, der sie belästigt, und verschleudert wie ein Sardanapal die Reichtümer des Staates. Er ergeht sich in opulenter Verschwendung, sehnt sich nach Liebe und Überfluß – bis die Königin-Mutter, mit geheuchelter Zuneigung, Sainte Alétis, die für sie einen Tanz aufführt, unter Rosenblättern ersticken läßt. Eine Szene, die schon in *Lust* zu lesen gewesen war.[128]

Seit dem Herbst 1913 wohnt D'Annunzio wieder in Paris, in der eleganten Avenue Kléber, führt ein ausschweifendes Liebesleben, besucht die Salons, die Flugplätze und Hunderennen. Er hatte sein Haus in Arcachon wieder einmal wegen Gläubigern verlassen müssen. D'Annunzio zahlte die Miete nicht, auch wenn er immer noch zu den bestverdienenden Schriftstellern gehörte: *Gewiß, ich habe etwas mehr bekommen als das, was Milton für sein «Lost paradise» verdient hat. Ich wurde aber immer noch schlechter als der Dichter Lemierre bezahlt, der im Jahre 1700 eine Lebensrente von der englischen Regierung bekam, nur weil er den einen, sogar mittelmäßigen Vers schrieb «Le trident de neptune est le sceptre du Monde». Und ich habe nicht weniger verdient als jener unbekannte Dichter, der vor einigen Jahren den Wettbewerb des Hauses Rimmel gewann für den besten Vers mit dem Elfsilbler für Zahnpasta «Um meine Tugend zu besingen, reicht mein Lachen». 5000 Lire für einen Vers!*[129]

Ende 1913 macht seine neue Tragödie *Il Ferro*, gleichzeitig ins Französische übertragen (*Le Chèvrefeuille*) und in Paris, Mailand, Rom und Turin aufgeführt, viel von sich reden. Sie bleibt aber ein Mißerfolg: auch in diesem Stück geht es um Übermenschen, gestorbene Liebhaberinnen und Töchter, die sich rächen. Die letzten Dramen D'Annunzios sind kaum geglückt. Für den Kolossal-Film «Cabiria» von Giovanni Pastrone (1913/14), einen erfolgreichen Kostümfilm, der im 3. Jahrhundert v. Chr. in Sizilien und in Karthago spielt, schreibt er die Untertitel und wird dafür enorm bezahlt. Trotzdem beklagt er sich, er habe nichts mehr, keine Pferde, nur noch einige Hunde, die einzigen, die ihn daran hindern würden, aus Melancholie zu sterben. Er würde nur einmal am Tag essen und die schönen Dinge vermissen, die er unbedingt für die Arbeit brauche.[130] Die Briefe dieser Zeit an Luigi Albertini sind von einem tiefen Überdruß gekennzeichnet, seine Gedanken gelten Italien, gern würde er dorthin zurückkehren.

Luigi Albertini, damals Direktor der wichtigsten Zeitung in Italien, des «Corriere della Sera», war anfangs relativ distanziert D'Annunzio gegenüber. Er bot ihm die Mitarbeit an der Zeitung erst 1911 nach dem Tod von Giosuè Carducci an, zu dessen Erinnerung D'Annunzio eine Ode veröffentlichte. Der Direktor brauchte nun einen neuen berühmten Literaten, der den Platz einnehmen konnte, den Carducci sehr lange dort innehatte. Von 1911 bis 1913 publizierte D'Annunzio im «Corriere della Sera» die kurzen, zum Teil autobiographischen Prosaschriften *Le Faville del maglio*. Der acht Jahre jüngere Albertini wurde für D'Annunzio ein sorgender Vater. Er klärte die Probleme mit den Schulden D'Annunzios in Italien, hielt die Kontakte des Dichters zu Italien, ermahnte ihn zur Vorsicht und zur Arbeit, stimulierte ihn, er half immer. Als Geschäftsmann wußte er, daß sich in den Dichter gut investieren ließ.

Das Jahr 1911 brachte für Italien und Europa Ereignisse, die die rücksichtslosen nationalen Interessen und die Kriegslust der mitteleuropäischen Nationen verrieten. Frankreich hatte sich Marokko einverleibt und die Tat mit dem Euphemismus «pénétration pacifique» umschrieben. Am 5. Oktober 1911 landeten italienische Truppen in Tripolis, besetzten die Stadt und erklärten damit der Türkei, dem Herrscherland, den Krieg.

Unter dem Druck der Nationalisten, die ihren ersten Kongreß 1910 in Florenz abgehalten hatten, und infolge des günstigen Aufschwungs der Großindustrie, wählte die italienische Regierung, nach dem Beispiel der anderen erfolgreichen europäischen Mächte, den imperialistischen Weg. Die Eroberung der Hauptstadt Tripolis löste in Itailen einen wahren Begeisterungstaumel aus, auf den Plätzen wurde gesungen «Tripoli, bel suol d'amore», man sprach schon von der «vierten italienischen Küste». Die europäischen Mächte mußten anerkennen, daß sich der Drang nach Afrika seit Anfang der achtziger Jahre des 19. Jahrhunderts im Bewußtsein der Italiener zu einer politischen Verheißung verdichtet hatte. Für den Libyen-Krieg erwärmte sich auch der Nationaldichter D'Annunzio. Am 8. Oktober 1911 erschien die *Canzone d'Oltremare* im «Corriere della Sera», das erste Gedicht des Zyklus *Canzoni della Gesta d'Oltremare*. Das letzte Gedicht erschien am 14. Januar 1912. Die Rhetorik D'Annunzios entsprach dem brodelnden nationalistischen Überschwang in Italien, mit ihr machte er sich zum Vorkämpfer jener imperialistischen Ideen, die später einen zerstörerischen Einfluß auf das italienische Bürgertum haben sollten.

Anfang Dezember 1911 plante Italien mit einem Teil seiner Flotte den Durchbruch durch die Dardanellen. Das Projekt weckte scharfe Kritik in England. Deutschland und Österreich-Ungarn, Bündnispartner Italiens, empfanden jeden Angriff auf die Küsten der Balkanhalbinsel oder auf die türkischen Inseln als eine Störung des Status quo, und erklärten, daß sie Kompensationen fordern würden. Italien führte die militärische Operation nicht aus. Dies lieferte D'Annunzio den Anlaß, die *Canzone dei Dardanelli* zu verfassen. Sein Lied, das siebente in dem Zyklus, sollte die italienische Flotte anfeuern, den Angriff auf die Dardanellen doch zu beginnen. Er geht in die Jahrhunderte der italienischen Geschichte zurück und entdeckt die glorreiche Zeit der kriegerischen Schiffahrt, stellt den Deutschen als den *blutrünstigen Angreifer* Frankreichs in dem Krieg vor 1870/71 dar, als *Plünderer*, der *plötzlich Mitleid mit den Türken* empfinde Franz Joseph II. bezeichnet er als *den Kaiser der Erhenkten*. Er schilder die Widerwärtigkeit des doppelköpfigen Adlers, der wie der Geier da unverdaute Fleisch der Leiden wieder ausspeit. Albertini weigerte sich vor allem wegen zu befürchtender großer Zustimmung in Italien, das Lied zu publizieren. Es erschien jedoch Ende Dezember im «Giornale d'Italia». Mit diesen Versen wuchs die seit 1908 sinkende Popularität des Dichters wieder. Der Verleger Treves, der das Gedicht im gleichen Jahr in der Band *Merope* aufnahm, mußte zusehen, wie das Buch beschlagnahm wurde. Als Treves vierzehn Verse streichen wollte, bestand D'Annunzi auf deren Publizierung und erklärte, jedes Risiko eingehen zu wollen Italien erwartete den Angriff, die Lieder D'Annunzios lösten einen gro ßen Skandal aus, in Österreich verbreitete sich ein negatives Echo. Übe D'Annunzio schrieb «Die Zeit» vom 3. Februar 1912 in Wien: «Lange wa

Italien im ungewissen über dieses widersprechende Gemisch von Clown und Apollo... Erkenne dich selbst! Du bist der Sänger der hedonistischen Lebensanschauung: ...versuche nicht, der Menge das patriotische Fieber mitzuteilen, das dich nie erwärmte.» D'Annunzio verherrlichte die in Tripolis fallenden Soldaten als *Märtyrer*, die am *Schleifstein Afrikas das Messer für die erhabenste Erwerbung schleifen*. Aber der Kriegszug in Libyen dauerte länger als erwartet. Die Berber konnten den italienischen Truppen gut widerstehen. Italien beendete den kostenaufwendigen Krieg um die «große Kiste Sand» 1912 mit einem Friedensvertrag. Die Enttäuschung darüber heizte den italienischen Nationalismus nun noch mehr an.

Obwohl er noch in Frankreich lebte, stellte sich D'Annunzio mehr und mehr in Reden und Schriften dem aufwallenden nationalistischen Volksempfinden Italiens zur Verfügung. Dem Schriftsteller wurde durch den «Corriere» auf Dauer eine Propagandamöglichkeit anvertraut. Er versuchte nun, das aktivistische Menschenbild seiner Dichtung zu verwirklichen. Den Krieg verklärte er als die zukunftsträchtige Stunde der lateinischen Rasse. Die Sehnsucht nach einer *erhabenen Tat* hatten die Italiener seit jeher in seinen Büchern gefunden. Und wenn D'Annunzio nun als Literat vom Krieg und Kämpfen sprach, so wurde er auch ernst genommen.

Der Berufsheld

Als Österreich am 28. Juli 1914 Serbien den Krieg erklärte, ohne den Verbündeten Italien darüber zu unterrichten, betrachtete Italien das Bündnis als gelöst und erklärte sich zunächst für zeitlich befristet neutral. Italien wollte den Krieg, entgegen der Haltung der gemäßigten Regierung Giolitti, und zwar den Krieg gegen Deutschland. Nationalisten, Sozialisten, Radikale, Garibaldianer, Republikaner, Intellektuelle, alle waren sich darin einig. Mussolini, damals schon bekannt als Journalist, verließ die Redaktion der sozialistischen Zeitung «Avanti» und gründete «Il Popolo d'Italia», ging in Rom mit Marinetti auf die Straße, um die Regierung zum Rücktritt zu zwingen. Am 13. August 1914 kam im «Figaro» D'Annunzios *Ode für die lateinische Auferstehung* heraus, in der er die Wiedereroberung der Adria beschwor. Er publizierte regelmäßig Artikel oder Gedichte in den französischen Zeitungen, die für eine Intervention Italiens an der Seite Frankreichs und Englands öffentlich plädierten. Er wollte die beiden romanischen Länder Italien und Frankreich im Kampf gegen die Barbaren sehen. Es wird bis heute darüber spekuliert, ob die französische Regierung ihm seine Schulden bezahlt hat, um ihn als Propagandisten für das Bündnis Italien–Frankreich zu benutzen.

In Frankreich marschieren inzwischen die deutschen Truppen auf Paris zu. D'Annunzio verfolgt mit großem Aufwand die tragischen Ereignisse: Die Schlacht von Charleroi, die Bombardierung von Reims. In einem Artikel, *L'Angoscia*, am 26. August 1914 im «Corriere della Sera» veröffentlicht, schildert er die Stimmung in Paris. Als die deutschen Truppen vor Paris stehen, schreibt er von der wunderbaren Agonie der Stadt: *Tiefe Schwermut, Gedanken an den Krieg, der weit von hier stattfindet... Die neue Welt kann nur auf den Trümmern des Germanentums entstehen.*[13] Anfang September besorgt er sich eine Erlaubnis, die Schlachtfelder an der Front zu besuchen, um darüber in französischen Zeitungen zu berichten. Romaine Brooks begleitet ihn als Kriegs-Zeichnerin für italienische Zeitungen. Er sammelt in seinen Notizbüchern Impressionen von Spaziergängen im halb verlassenen Paris: *4.9.1914. Abends, in der Gare Vincennes, Warten auf die Verletzten. Die Lichter, die Trams, das Volk drängt sich an die Gitter... Hunde, und die vielen Wagen mit den Verletzten.*[132] Er bringt seine Windhunde in einer eleganten Hundezucht in Sicherheit, die aber bald mit krankem Schlachtvieh belegt wird. Verstümmelung, Krankheit, Verwirrung und Zerstörung lösen die ästhetische Opulenz der Jahrhundertwende ab. D'Annunzios Blick verweilt lange auf Zerstörtem. Mit einer für ihn unüblichen einfachen Sprache notiert er in seinen Notizbüchern die *Grausamkeiten der Bombenangriffe*, die Massen, die sich orientierungslos in den Bahnhöfen drängeln, die Karren, beladen mit Verletzten, die in Pariser Bahnhöfen abends eintreffen. Das Grauen von so viel Blut und Verwüstung vermag er aber, wie in seinen blutrünstigen Theaterstücken, zu einem Kult des Kriegsopfers zu verwandeln. Die Nation soll durch das Feuer des Kriegs zum Volkskörper geläutert werden: *Ich hoffe, daß wir in zwei Wochen Österreich den Krieg erklären. Das wäre für mich eine schöne und freudige Gelegenheit, um in die Heimat zurückkehren zu können.*[133]

Diese Gelegenheit kam, als die Stadt Genua beschloß, ein Denkmal für die Garibaldianer einzuweihen. Diese waren von Quarto aus 1860 nach Süditalien gezogen, um von Sizilien aus die Einheit Italiens zu erkämpfen. D'Annunzio sollte aus diesem Anlaß eine Rede halten. In der Nacht vom 3. zum 4. Mai 1915 verließ D'Annunzio Paris und die Freundin de Goloubeff, die mit ihren Windhunden dort bleiben wollte und bis zum zweiten Einbruch der Deutschen in Paris im Zweiten Weltkrieg in gänzlicher Armut lebte. Die Villa in Arcachon sollte versteigert werden. Nach fünf Jahren betrat D'Annunzio wieder italienischen Boden, in Quarto hielt er am 5. Mai eine lange Rede. Er zitierte aus seinen Romanen, berief sich auf Sparta, Orpheus, Theseus, auf die Wiedergeburt der Nation, die durch Eroberungen größer werden solle. Zu diesem Anlaß wählte er das Motto *Ardisco, non ordisco* (*Wagen, nicht Anzetteln*): *Warum Perlen vor die Säue werfen? Unsere Gegner sind Schweine, und so behandeln wir sie.* Die Menge rief: «Es lebe der gerechte Krieg! Es lebe Groß-Italien! Es lebe Frankreich!» Die italienische Regierung gab ihm Rückendeckung. Am 26. April 1915 hatte der italienische Außenminister den Londoner Pakt unterschrieben, der den Kriegseintritt Italiens nun doch an der Seite Englands und Frankreichs besiegelte. D'Annunzio, der darüber noch nicht informiert war, unternahm von Quarto aus eine ‹Redereise› durch Italien. Der Zug, der ihn nach Rom fuhr, kam mit Verspätung an, weil die Menge ihn auf jedem Bahnhof begeistert feierte. Am 17. Mai sprach er vor einer riesigen Menschenmenge auf dem Campidoglio, er gab in ekstatischen Worten den Auftakt zum Krieg und wurde sogar vom König empfangen. Der gemäßigte Ministerpräsident Giolitti war zurückgetreten, der neue Ministerpräsident Salandra würdigte öffentlich D'Annunzios Dienste fürs Vaterland.

Am 23. Mai 1915, als Italien Österreich den Krieg erklärte, meldete sich D'Annunzio mit 52 Jahren als Freiwilliger; er war zunächst einfacher Leutnant der Kavallerie. Er bekam aber auch sofort die Erlaubnis, andere Bataillone zu besuchen, zu den Soldaten zu reden und den Seeopera-

1915 in Venedig, Casetta rossa

tionen in Venedig zuzuschauen. Der kommandierende General Cadorna
– Chef des Generalstabs –, der ihn so einsetzte, hatte wohl verstanden,
daß die Figur D'Annunzios sich eignete für die psychologische Führung
der Soldaten und daß es besser war, wenn er sich frei zwischen den Truppen als Redner betätigen könnte. Als jedoch die Regierung ihm, wegen
seines Alters, verbieten wollte, an einem Flug über Triest teilzunehmen,
war er empört. Er wolle kein Schriftsteller *der alten Garde sein, in Pantof*

feln und mit Schlafmütze, erwiderte er in einem langen Brief an Italiens Regierungspräsidenten. *Leichter ist es, den Wind zu bändigen, als mich. Ich bin ein Soldat. Ich wollte ein Soldat sein, aber nicht, um in Cafés oder in der Mensa zu sitzen. Es ist mein einziger Lebensinhalt, heute. Schützen Sie mich vor der Versuchung, zu Repressalien oder unvernünftigen Handlungen greifen zu müssen.*[134]

Und tatsächlich, er kämpft. Er fliegt über Triest, um aus dem Flugzeug ein hektographiertes Manifest herabzuwerfen mit der Parole, die Bevölkerung solle auf die Befreiung durch die Italiener warten. Nach diesem Flug setzt Österreich eine Belohnung von 20000 Kronen für denjenigen aus, der D'Annunzio gefangennehmen würde. Er ist zwar an der Front stationiert, sein Hauptwohnsitz aber liegt in Venedig. Er hatte das Haus des Prinzen von Hohenlohe gemietet, der wegen des Kriegs nach Lugano ziehen mußte. Das zweistöckige Haus, mit zwei Salons, mit Möbeln im Stil Louis' XVI., wegen seiner im pompejanischen Rot gestrichenen Fassade *casetta rossa* (*das rote Häuschen*) genannt, wird zum privaten Hauptquartier des von nun an sogenannten «Comandante». Hier empfängt er Offiziere und Freundinnen, veranstaltet Konzerte, erholt sich. War er aber an der Front, wußte er auch dort sich seine *camera rossa* (*das rote Zimmer*) einzurichten: *Jetzt bin ich in meinem Kriegszimmer... in einer verfallenen Villa, mitten in einem schönen Park, die Kanone läßt die Mauer und Fensterscheiben ständig erzittern. Ich habe weder Tee noch Kaffee und auch kein Wasser... zum Glück habe ich daran gedacht, Bettwäsche und Decken mitzunehmen. Wie werde ich schlafen?*[135] *Ich habe die Möbel umgestellt und habe einen neuen Tisch. Ich habe die Wände an meinem Bett mit rotem Brokat tapeziert und es hinter Paravents versteckt. Ich habe mir eine Art Alkoven eingerichtet, um in Purpur zu schlafen, in der schönen Farbe des Blutes.*[136] Und dann am 30. November 1916: *...mein rotes Zimmer ist jetzt ganz warm, voller Teppiche, ruhig. Es sind die letzten Stunden, dann gibt es wieder den Schlamm, die Kälte, den Gestank der Schützengräben, aber auch den Rausch des Kampfes.* Von hier aus schreibt er jeden Tag Liebesbriefe an seine neue Freundin, die Venetianerin Olga Levi.

Anfang 1916 widerfuhr ihm durch geringfügige Ursache ein Mißgeschick, ein Unfall, der ihn viele Wochen an sein Bett gefesselt hielt und zu absoluter Untätigkeit zwang. Ein Steinsplitter hatte ihn bei einer schwierigen Flugzeuglandung am Auge verletzt, und zwar so, daß er nicht nur dieses Augenlicht verlor; auch das zweite Auge drohte zu erblinden. Zur Erinnerung an diese schwere Zeit schrieb er das Bekenntnisbuch *Notturno*, das als seine beste Prosa gilt. Die Entstehungsgeschichte gibt Aufschluß über seine erstaunliche Zähigkeit. Da er sich kaum bewegen und nicht sprechen konnte, griff er zu einer ungewöhnlichen Methode: *Meine Augen sind verbunden. Ich liege rücklings gebettet, mein Körper verharrt unbeweglich, und mein Kopf ist zurückgeneigt, etwas tiefer als die Füße. Ich erhebe ein wenig die Knie, um dem Brettchen, das darauf liegt, die*

Um 1916 nach dem Augenunfall

entsprechende Neigung zu geben. Auf einem schmalen Streifen Papier, der darauf liegt, schreibe ich eine Zeile. Zwischen den Fingern halte ich einen leicht laufenden Bleistift.[137] So kann er durch das Fühlen mit den Fingern die Zeilen halten, die Ellbogen liegen stets an den Hüften. *Ich versuche, den Bewegungen der Hand die größte Leichtigkeit zu geben, damit sie nicht über den Puls hinausreichen und nicht das geringste Beben dem verbundenen Kopf sich mitteile.*[138] D'Annunzio ließ das intime, quälende Werk, wie er es selbst bezeichnete, erst 1922 drucken.

Trotz der Bedenken seiner Vorgesetzten saß er drei Monate später wieder im Flugzeug: *Ich habe mir heute abend das Gesicht verbrannt vom kalten Wind; ich habe einen großen Furor in mir.*[139] Er entwirft Pläne für Angriffe, die auf dem gleichzeitigen Einsatz von Infanterie und Flugzeugen basieren. Es geht ihm darum, den Krieg mit Flugzeugen zu gewinnen

Wenn der Flieger D'Annunzio Bomben abwirft, inszeniert er von oben entrückte, unbarmherzige Gewalt: *Wie schön war die Bucht. Wie sanft und still erschien Triest; darüber ein dunkler Streifen Bora! Nachdem ich mit gezielter Treffsicherheit meine Bomben abgeworfen hatte, zögerte ich eine Weile in der Luft. Ich konnte mich schwer dazu entschließen, mich von jenem poetischen Spektakel zu trennen, so umschleiert im Nebel des unerbittlichen Kriegs.*[140] Der Krieg, den D'Annunzio führte, war ein persönlicher Krieg, mit tollkühnen und spektakulären Aktionen. Seine kriegerische Taktik war, auf demonstrative Einzelaktionen zu zielen, die dem Feind Österreich eine Schmach versetzen sollten. Zwei davon wurden besonders berühmt.

1918 fand die erste aufsehenerregende Aktion des Dichters statt, die unter dem Namen Beffa (Bluff) von Buccari in die Kriegsgeschichte einging: *Ich werde die kühnste Tat vollführen, die ich je ausdenken konnte,* schrieb er am 7. Januar 1918 an Eleonora Duse. *Ghisola soll an mich denken in den nächsten Vollmondnächten. Am Zeigefinger werde ich die zwei Smaragde tragen, wie immer.*[141] Drei U-Boote mit je zehn Männern an Bord liefen von Venedig aus, um österreichische Schiffe zu torpedieren. Während 150 Seemeilen – von insgesamt 300 – befanden sich die U-Boote in streng bewachten feindlichen Gewässern. Nach Mitternacht erreichten die Boote Buccari und schossen ihre Torpedos gegen die österreichischen Schiffe ab. Gleichzeitig warf D'Annunzio drei Flaschen ins Meer mit der Botschaft: *Ein guter Weggefährte, als Feind wohl bekannt – der Feind der Feinde – er* (D'Annunzio) *von Pola und von Cattaro – ist gekommen, um sich mit den italienischen Matrosen über den ausgestellten Steckbrief lustig zu machen. 10/11 Februar 1918.* Ein Erfolg konnte das ganze Unternehmen nicht werden, denn die Torpedos trafen dank des Schutznetzes der Österreicher nicht das Ziel. Was die Aktion aber auslöste war Spott über Österreich. D'Annunzio erntete eine Bronzemedaille und publizierte die Geschichte dieser Tat im «Corriere della Sera».

Der nächste Plan war auch schon entworfen. Seit langem hatte er dem Hauptkommando vorgeschlagen, er wolle über Wien fliegen und Flugblätter abwerfen. Am Morgen des 9. August 1918 startete von Campo San Pelagio in Treviso ein Flugzeug mit zwei Insassen und flog in Richtung Alpen. Natale Palli war der zweite Pilot, D'Annunzio der Hauptverantwortliche. Um 9 Uhr 20 waren sie über Wien und warfen Tausende von Flugblättern ab, die mit den Farben der italienischen Fahne bedruckt waren. Der Text faßte in reißerischen Propagandaparolen die sozialen und politischen Ansprüche Italiens zusammen, und am Schluß stand auf italienisch: *Das Drohen der Schwinge des jungen italienischen Adlers gleicht nicht der finsteren Bronze im morgendlichen Licht. Die unbekümmerte Kühnheit wirft über den Heiligen Sankt Stephan und den Graben das unwiderstehliche Wort, Wiener! Viva l'Italia.* So konnten sich die Wiener plötzlich in ihrem Hinterland nicht mehr sicher fühlen. Ein Kriegsflugzeug, mit der italienischen Trikolore bemalt, flog am hellichten Tag über ihre Straßen. Trotz der Verschanzungen rings um die Stadt kam die Bedrohung nun vom Himmel. Unbehelligt flog es davon; dabei hätte das Flugzeug auch Bomben abwerfen können. Der Eindruck dieser fliegerischen Leistung war in der ganzen Welt beträchtlich.

Im Krieg erfuhr D'Annunzio eine eigene Form der Männerfreundschaft. Er fühlte sich seinen Kriegskameraden ganz besonders verbunden. Bei ihrem Tod entwickelte er sogar eine Art von Aberglaube und Fetischismus. Als er zwei Freunde im Kampf verlor, meinte er, *ich habe sie verloren, weil ich an jenem Tag nicht mit ihnen war. Sie waren zwei wunderbare Kämpfer: schön, entschlossen, geschickt. Sie liebten mich so sehr, daß sie liebend mein Leben betrachteten, fast wie Ghisola damals: mit den Augen der makellosen Liebe.*[142]

Man hat mir heute eine kleine Dose mit Salbe gegen Erfrierungen gebracht. Sie gehörte dem Kapitän Pagliano. Er hatte sie benutzt. Es gibt, im Fett, den Abdruck seines Fingers. Ich werde mich ihrer bedienen in der kommenden Nacht (vor Buccari).[143] Obwohl D'Annunzio homosexuelle Züge sicherlich besaß – sein Sebastian-Kult deutet darauf hin –, gibt es bislang für sie keine Belege. Jedoch für einen ‹Pan-Erotiker› wie ihn müssen die Beziehungen zu jungen Soldaten auch eine erotische Seite gehabt haben. Der Frauenoberer, der früher so sehr weibliche Anwesenheit brauchte und der während der Kreuzfahrt nach Griechenland die ausschließliche Gesellschaft männlicher Freunde als ungewohnt fremd empfunden hatte[144], macht im Krieg aus der Männerfreundschaft einen Kult. In Fiume glaubte der Comandante D'Annunzio, aus der kampfbereiten Jugend, die ihn stets umgab, wie aus einer neuen, erfrischenden Quelle

Flugblätter über Wien, von D'Annunzio fotografiert

des Lebens zu schöpfen. Wenn es eine Liebe D'Annunzios zu den Männern gegeben hat, so ist sie nicht in einer dekadenten fin de siècle-Haltung zu suchen, sondern im kriegerischen Kult einer Männlichkeit, die er als Stärke, Eroberung und Aggressivität auffaßte. Tief traurig war er, wenn ihn Nachrichten vom Tod seiner Kameraden erreichten. Er verfaßte Reden, inszenierte ihre Begräbnisse. Dies war der Anfang jenes Todeskults, dessen Haupt-Stätte «Il Vittoriale» wurde. 1917 starb auch seine Mutter. *Der Tod will mich nicht: Claude Debussy ist gestorben. Wer wird uns Freude bereiten, wenn wir aufhören zu töten und zu zerstören? Ostersamstag 1918.*[145] Wiederholt war D'Annunzio durch seltsame Zufälle dem Tod entronnen, dem Heldentod, den er vielleicht wirklich suchte. *Der Tod steht mir auf den Fersen... Ghisola, Ghisola, warum bin ich nur ein Mann? Warum bin ich nicht ein ganzes Heer?*[146]

Das österreichische Heer brach im Oktober 1918 zusammen. Die Schlacht von Vittorio Veneto beendete die letzte siegreiche italienische Offensive. Die italienischen Soldaten okkupierten Trient und marschierten in Triest ein. Am 3. November 1918 erlebte auch Italien endlich das

*Guido Reni,
Der heilige Sebastian*

Il Comandante.
Postkarte

Kriegsende. D'Annunzio schrieb an Olga Levi: *Ich war ein kleiner Teil des Kampfes gewesen, ich, der der ganze Kampf sein möchte… Wenn das gemeine Leben mich wieder hat, leide ich und ärgere mich… Der Tod ummäntelt mich, berührt mich und eilt davon… Was soll ich mit dem Frieden anfangen?*[147] D'Annunzios Teilnahme am Krieg war total gewesen, jetzt fürchtete er sich vor dem Frieden. In sein Haus in Venedig zurückgekehrt, krank, mit hohem Fieber, das er mit Kokain zu bekämpfen versucht, drängte sich ihm die allgemeine Friedensfreude auf, mit Lärm, *wie ein Faschingszug ohne Ziel.*

Rausch der Macht: Fiume

Zu Beginn der Schlacht von Vittorio Veneto hatte D'Annunzio im «Corriere della Sera» den Artikel *Unser Sieg, du wirst nicht verstümmelt sein* veröffentlicht. Er polemisierte gegen den amerikanischen Präsidenten Wilson, der bei den Versailler Friedensverträgen die italienischen Gebietsansprüche an der nordöstlichen Grenze und an der Adria-Küste, die in einem Geheimdokument am 26. April 1915 in London ausgehandelt worden waren, nicht anerkennen wollte. Wilson vertrat die These, die neuen Grenzen Europas sollten nach Nationalitäten gezogen werden. Nun bestanden zwar die Gebiete, die Italien für sich nach dem Londoner Pakt beanspruchte, aus italienischen Städten, das Land war aber eindeutig slowenisch. *Verstümmelt* nannte D'Annunzio den italienischen Sieg, weil Italien auf die Adria verzichten mußte. Er war der Ansicht, die Befreiungskriege des Risorgimento hätten Italien noch zu keiner Einheit der Nation geführt. Sie wäre nur mit der Wiedereroberung der Erbschaft Venedigs und mit der Macht an der Adria möglich.

Gabriele d'Annunzio bereitet sich nun auf seine nächste Heldentat vor. Das Stück hieß *Fiume o morte* (*Fiume oder der Tod*). Die reiche Hafenstadt Fiume, an der Adria gelegen, das heutige Rijeka, gehörte nicht zu den italienischen Gebietsansprüchen und war auch nicht im Londoner Abkommen erwähnt worden. In der Stadt gab es eine gemischte Bevölkerungsstruktur mit Italienern (24000), Kroaten (15000) und Einwohnern aus Ungarn, Serbien und Deutschland (ca. 11000). Die Italiener beherrschten die Kleinunternehmen, die Ungarn arbeiteten hauptsächlich in der Bürokratie. Für die Italiener war Fiume die Erbin der Seemacht Venedigs im östlichen Mittelmeer. Am 30. Oktober 1918 verlangte die italienische Bevölkerung Fiumes, die ein italienisches Nationalkomitee ausgerufen hatte, die Annexion durch Italien. Kroaten beanspruchten ebenso die Stadt für sich, slowenische Bauern veranstalteten antiitalienische Demonstrationen, sie bekämpften die italienische Proklamation. Die römische Regierung schickte am 17. November 1918 Truppen in die Stadt, um die Lage unter Kontrolle zu halten. Einer unter ihnen, der Schriftsteller Giovanni Comisso, beschrieb eine durchaus angenehme Lage: «Die Fiumaner luden die italienischen Offiziere jeden Abend zu glänzenden Festen, die bis in den nächsten Morgen dauerten. Man aß, tanzte und trank. Es sah in der Tat so aus, als wäre diese Stadt mit ihrem Überschuß an Leben eine Entschädigung für die im Krieg erlittenen Entbehrungen.»[148]

Während die italienische Regierung in Versailles nach diplomatischen Lösungen suchte und das Mißtrauen der Alliierten ihr gegenüber deutlich zu spüren bekam, wuchs in Italien eine fanatische Bewegung, die Fiume für Italien beanspruchte. Die italienische Delegation in Versailles stand vor einem unlösbaren Dilemma: entweder verlangte Italien die ihm vor dem Kriegseintritt zugesprochenen Gebiete und verzichtete auf Fiume, oder umgekehrt. Die neue Lage führte in Fiume zunächst zu einem Kompromiß. Die serbo-kroatischen Truppen waren bereit, die Stadt zu verlassen; die militärische Kontrolle unterlag einem Kommando der Alliierten aus Italienern, Amerikanern, Engländern und Franzosen; die politischen Entscheidungen wurden dem italienischen Nationalkomitee überlassen.

Gabriele d'Annunzio arbeitete in dieser Angelegenheit wie ein moderner Demagoge. In Venedig bejubelten ihn die Massen, als er von einem noch geschlossenen Buch «Fiume» sprach, das man wieder aufklappen

Zeitgenössische Postkarte

ITALIA O MORTE!

müsse. Am 14. Januar 1919 publizierte D'Annunzio den *Brief an die Dalmatiner*, das deutlichste Manifest des italienischen Imperialismus nach dem Krieg. Das adriatische Meer und ganz Dalmatien wird als Bestandteil Italiens angesehen. Der Artikel erschien jedoch nicht im «Corriere della Sera», sondern am 15. Januar in der Zeitung Benito Mussolinis «Popolo d'Italia», aus deren Zeitungskopf schon seit einem Jahr der Untertitel «Sozialistische Zeitung» verschwunden war. D'Annunzio pries den Sieg, sprach sich für ein größeres Italien aus und erklärte sich zum Kämpfen bereit. Mussolini hatte ihm brieflich sein Einverständnis bekundet und ihn das erste Mal im Sommer 1919 in Rom getroffen. Die Lage Fiumes spitzte sich zu, als die italienische Besatzung, nach Anordnung der interalliierten Kommissare der Stadt, zwischen dem 25. und 27. August 1919 die Stadt räumen sollte. Die Granatieri di Sardegna, die unter großen Schwierigkeiten aus der Stadt abgezogen waren, hatten sich fürs erste in Ronchi, in der Provinz Triest, einquartiert, gut 100 Kilometer von Fiume entfernt. Einige der Leutnants von Ronchi, künftig zu den «sieben Verschworenen» stilisiert, wollten Fiume besetzen und hatten sich an D'Annunzio «als den Dichtersoldaten Italiens» um Führung und Unterstützung gewandt: «Wir haben geschworen: ‹Entweder Fiume oder der Tod›. Und was macht Ihr für Fiume?»

Gabriele d'Annunzio antwortete am 6. September 1919 in der Zeitung «Vedetta d'Italia»: *Ich meinerseits stehe «für alles bereit»*. Er plante den Angriff für den 11. September, *meine Glückszahl, der Tag der Beffa di Buccari*. In der Nacht davor lag der Oberstleutnant der Reserve D'Annunzio mit hohem Fieber krank auf dem Feldbett und hatte Halluzinationen. Am Mittag des 12. Septembers setzte sich eine Heeressäule mit Lastwagen, Panzern und knapp 300 Bewaffneten unter seiner Führung in Bewegung. Unterwegs stießen Panzerfahrzeuge der Bersaglieri zur Kolonne und Einheiten der Ersten Division der berühmten «Schwarzen Flammen». Deren Arditi stimmten ihr Lied «Giovinezza» an, die künftige faschistische Hymne. Im Sommer 1919 waren in Italien etwa anderthalb Millionen Soldaten noch nicht aus der Armee entlassen worden. Unter ihnen war die Spezialtruppe der Arditi, die bei gewagten Unternehmungen eingesetzt wurden. «Ardito» bedeutet stark, mutig, besondere sexuelle Kraft und einen anarchischen Zug gegen Institutionen. Eine Elite des Militärs wollten sie auch bleiben, bis sie sich schließlich doch mit den Squadristi, den faschistischen Kampftruppen, gegen Arbeiterstreiks und Bauernrevolte einsetzen ließen.

Die Marschkolonne näherte sich der Stadt ohne Widerstand und nach dem triumphalen Einmarsch in die Stadt wurde D'Annunzio am gleichen Tag zum Gouverneur Fiumes ernannt. *Der unaufhaltsame Marsch. Die Ankunft. Der Duft des Lorbeers. Das Delirium*[149], notierte er im Notizbuch. Krank und fiebrig zeigte er sich zum erstenmal abends auf dem Balkon des Regierungspalastes und sprach vor Tausenden auf dem Platz:

Der Gouverneurspalast in Fiume

Hier bin ich, ecce Homo... Ich bitte nur um das Recht, Bürger der Stadt des Lebens zu sein. In dieser närrischen und feigen Welt ist heute Fiume das Zeichen der Freiheit. Diese Szene, mit den jubelnden Massen unter dem Balkon, wird sich mehrfach wiederholen. *18. 9. 1919. Hier läuft alles wunderbar. Der Augenblick ist unwiderstehlich. Die Soldaten wollen nur mir gehorchen... Ich bin stets in diesem großen Palast eingesperrt, in den Offiziere und Freiwillige hereinströmen, von überall her. Città di Fiume. Comando.*[150]

Ohne die Unterstützung eines Teils der italienischen Regierung und des Militärs hätte er sich jedoch so ein Bravourstück nie träumen lassen können. Zu sehr von der nationalistischen, heldischen Vision seiner eigenen Weltvorstellung eingenommen, konnte D'Annunzio die vielfältigen Fäden politischer Macht kaum genau unterscheiden und sich zunutze machen. Er wollte mit diesem Akt die Diplomaten in Versailles unter Druck setzen. Nach der Besetzung von Fiume schrieb Mussolini in seiner Zeitung «Popolo d'Italia»: «Die Männer sind in Fiume und nicht in Rom.» Am 20. September, eine Woche nach dem *Heiligen Einzug*, wie er den Einmarsch vom 12. September zu nennen pflegte, veranstaltete D'An-

Arditi in Fiume

nunzio große Feierlichkeiten und eine Militärparade in der Stadt. Aélis, die französische Haushälterin, die in Venedig zurückgeblieben war, bat er, sie solle ihm Uniformen, Strychnin und Kokain schicken, *man kann «per Post schreiben ohne Zensur»... man kann auch telegrafieren*[151]. *Gestern abend*, schrieb er einen Monat nach der Besetzung Fiumes an Aélis, *habe ich eine große Rede gehalten, mitten im brennenden Delirium. Du kannst Dir dieses merkwürdige Leben in Fiume nicht vorstellen, wir verbringen die Nächte mit coup de mains, wie Diebe und Piraten.*[152] Fiume wurde für D'Annunzio die *città di vita* und *città olocausta*. In Fiume begann er mit seinen berühmt gewordenen Gralshüter-Attitüden und aggressiven Reden. Er war das Idol, der neue Garibaldi: *3. Oktober. Bei den Arditi. Gegen Abend. Das wahre Feuer. Die Rede, die gierigen Gesichter – Die Rasse aus Flamme. Die Chöre – die offenen, klangvollen Lippen – Die Blumen, der Lorbeer. Der Ausgang. Die Dolche nackt in der Faust. Eine ‹Grandezza›, die ganz römisch ist. Alle Dolche hoch. Die Rufe. Der begeisterte Lauf der Kohorte. Das Fleisch auf Holzglut gebraten. Die auflodernde Flamme brennt im Gesicht – Das Delirium des Mutes. Rom: das Ziel!*[153]

Die Flamme, die wiederkehrende Metapher seiner Literatur, wurde jetzt zu einem Bestandteil seiner politischen Rhetorik. Für die Truppen

Aufzug der Arditi in Fiume

der «Roten Lilie», der Granatieri aus Sardinien, die in Fiume zugegen waren, fand D'Annunzio sofort das geeignete Motto: *Floret et ardet* (*Blüht und brennt*). Viele Neugierige aus England und Amerika berichteten von einer Stadt, die nur mit Feierlichkeiten beschäftigt war – von einem Fest «der Lichter und Farben». Zu den Mythen Fiumes gehörte freie Liebe überall. D'Annunzios Begleiterin war die schöne Pianistin Luisa Baccara, die er 1918 in Venedig kennengelernt hatte und die in Fiume fast täglich öffentlich Konzerte gab. Sie war nicht die einzige Frau, die durch den Kommando-Saal zu D'Annunzio ging.

In Fiume inszenierte D'Annunzio seine Politik. Die Menge war nicht nur passiver Zuschauer, sie gestaltete mit. Man erzählt davon, daß die Menschen, während D'Annunzio auf dem Balkon sprach, Buchstaben auf dem Rücken trugen, die Worte ergaben. D'Annunzios schallende Stimme war ohne Hilfe eines Mikrofons für Tausende von Zuhörern zu verstehen. Sie antworteten begeistert auf die Rufe ihres Kommandanten und schrien «Eia, Eia, Ailalà». In Fiume trugen die Soldaten zum erstenmal die Fes-Mützen, die der Faschismus dann übernahm, ebenso wie die schwarzen Hemden mit Totenschädeln und Knochen als Symbole ihrer Macht über Leben und Tod. Die Fahne der Legionäre übernahm ein Symbol aus den römischen Fasci, auf dem ein Adler mit weitgeöffneten Flügeln abgebildet war. Der Dichter und Ästhet D'Annunzio uniformierte seine Gefolgschaft, gab den Massenaufmärschen eine geometrische Anordnung. Er hat in Fiume jene Ästhetisierung der Massen vorweggenommen, die die faschistische und nationalsozialistische Herrschaft später für die Organisation der Massenaufmärsche einsetzte. Der ornamentale Charakter der Massenfiguren war ein Schritt gegen die Anonymität bürgerlicher Öffentlichkeit hin zum Gefühl befreiter, auserwählter Gemeinschaftlichkeit.[154] Die Masse wurde in Fiume zum erstenmal zum Instrument der Politik gemacht, einer Politik der Massen mit religiösen und profanen Symbolen.

Der Futurist Marinetti hielt sich in Fiume auf. Er deklamierte seine Verse auf der Straße, pries den Krieg als «die einzige Hygiene der Welt», lobte «alle gewalttätigen Sportarten, die Gymnastik, den Wettlauf, die Boxkämpfe», und lud dazu ein, «auf den Altar der Kunst zu spucken». D'Annunzio hatte ihn den «phosphoreszierenden Kretin» genannt und bald gebeten, Fiume wegen zu umfangreicher propagandistischer Aktivitäten zu verlassen.

Es gab zunächst Pläne, mit Hilfe Mussolinis die Operationen in Fiume an der italienischen Adria-Küste zu erweitern, mit einer Landung in Ancona, Ravenna und in den Abruzzen. Mussolini unterstützte das Fiume-Unternehmen finanziell mit einer Hilfsaktion seiner Zeitung, konkretere Hilfe kam aber nicht. Nicht nur Rom war für Fiume ein politisches Ziel, sondern Kontakte wurde aufgenommen mit nationalistischen Bewegungen in Ägypten, Irland, später in der Türkei, Armenien, Kroatien, Albanien, um eine ‹Fiume-Liga› zu gründen und aus der Idee des «Fiumanesimo» einen Stützpunkt für die Unabhängigkeit der Völker zu machen. Die unterdrückten Völker sollten aufgerufen werden, sich zu befreien. Die am 28. April 1920 proklamierte Konstitution der Liga wurde nie politisch umgesetzt.

Während in Italien die ökonomische und politische Krise wuchs, feierte das Volk von Fiume. Drogen waren weitverbreitet, vor allem Kokain und Morphium. Man weiß, daß besonders die Flieger diese Drogen einnahmen, um dem Schlaf und der Angst zu entgehen. Fiume war ein Tanz auf dem Vulkan. Auch diesmal verbrauchte sich die Utopie sehr bald. Allmählich wurde Fiume zu einer Stadt, die nur noch vom Roten Kreuz und von Sympathisanten eher schlecht als recht versorgt wurde. Da die Stadt selbst nichts mehr produzierte, begann hier alles zu fehlen, vor allem Grundnahrungsmittel.

Gegen März 1920 ging in der Stadt das Gerücht, man wolle eine Republik ausrufen. Viele Offiziere, große Teile der Bevölkerung waren immer noch der Monarchie treu, waren von der «revolutionären Haltung des Kommandos» beunruhigt. Während oft Demonstrierende die täglichen Übungsmärsche der Legionäre mit Störaktionen angriffen, sprach D'Annunzio um so heftiger von Prozessionen der Liebe, Prozessionen des

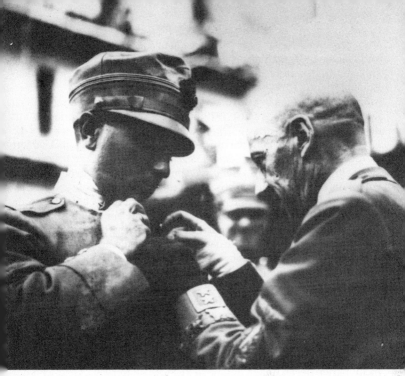

Verleihung der Ehrenmedaille in Fiume

Frühlings und der Bruderschaft. Gegen die wachsenden Fälle von Raub, Überfällen, Ermordungen und Vergewaltigungen wurde ein Militärtribunal veranstaltet. Man erwartete von D'Annunzio den Erlaß einer «neuen Ordnung», und viele fürchteten sogar die Errichtung eines Sowjets, einer sozialistischen Republik.

In Italien selbst machten sich Arbeiterstreiks und Bauernunruhen breit und es gab zwei Millionen Arbeitslose. Der achtundsiebzigjährige Giovanni Giolitti, der fast ununterbrochen von 1903 bis 1914 als Ministerpräsident mit nahezu diktatorischen Vollmachten das Land geleitet hatte und vor dem Krieg wegen seiner neutralen Haltung zurückgetreten war, wurde wieder mit der Regierungsbildung beauftragt. In dieser vorrevolutionären Phase versuchte Giolitti ein großes Bündnis herzustellen, zwischen den konservativen Kräften, den Sozialisten und der christdemokratischen Volkspartei. Zur Durchsetzung dieser Politik setzte er bewaffnete Faschistentruppen gegen die sozialen Bewegungen ein. In Italien, wie in Fiume, herrschte der Bürgerkrieg. Mit dem Unterschied, daß Fiume trotzdem feierte, zum Beispiel den 15. Juni, den Tag des heiligen San Vito. Man tanzte überall, auf den Plätzen und Straßen, auf der Mole, Tag und Nacht. In den armen Häusern der Altstadt hatten die Frauen die Heiligen-Bilder entfernt. Die kleinen Kerzenlichter brannten vor dem Bild Gabriele d'Annunzios.

Um das Vertrauen der Bevölkerung zurückzugewinnen, entschloß sich D'Annunzio, am 30. August 1920 die neue Verfassung zu erlassen mit dem Titel *Carta del Carnaro*. Damit war nicht eine Republik, sondern die Regentschaft ausgerufen, die offiziell am 8. September 1920 proklamiert wurde: *Ich werde den freien Staat Reggenza italiana del Carnaro nennen. Es ist ein Elfsilbler. Der Rhythmus hat immer recht.* Der Inhalt entsprach einer Politik, in der syndikalistische, faschistische und revolutionäre Elemente sich vermischten und deren Führer Regierungschef Alceste de Ambris geworden war. Die Verfassung sah zum Beispiel zehn Zünfte vor, Privatbesitz wurde als eine der nützlichsten gesellschaftlichen Funktionen anerkannt, aber nicht im Sinne der absoluten Verfügungsgewalt einer einzelnen Person über eine Sache. Die zehnte Zunft, eine besonders mystische, sollte im Rathaus durch ein ewiges Licht, vor der Inschrift *Mühe ohne Mühe*, eine eher spiritualisierte Form der menschlichen Arbeit darstellen. So wurde versucht, in Fiume neue institutionelle, revolutionäre Visionen im idealistisch-poetischen Gewand einer Massenpolitik zu erproben.

Unabhängig von D'Annunzio hatte Italien mit Kroaten und Slowenen verhandelt. Am 12. November 1920 kam es zum Abkommen von Rapallo. Istrien fiel an Italien, Fiume sollte Freistaat werden. Angesichts der schwierigen Lage versuchte D'Annunzio, Mussolini zu zwingen, sofort militärisch einzugreifen. Der aber taktierte, er sagte Hilfe zu, erklärte sich zugleich mit dem Vertrag von Rapallo einverstanden und versprach der italienischen Regierung seine Unterstützung. Als der italienische Senat den Vertrag in Rom am 17. Dezember 1920 endgültig unterzeichnete, wurde D'Annunzio ein Ultimatum für den nächsten Tag gestellt: Er solle die Stadt sofort räumen. Jetzt sah sich D'Annunzio isoliert und allein. Diese Lage stilisierte er zur Einsamkeit des großen Kriegers: *Dieses Balkongitter wird langsam zu meinem Gefängnis*. Weder folgte D'Annunzio der Aufforderung des Senats noch glaubte er ernsthaft daran, die italienischen Truppen würden gegen ihn und das Volk von Fiume mit den Waffen kämpfen.

Am 26. Dezember 1920 schoß das Schlachtschiff «Andrea Doria» auf den Regierungspalast. D'Annunzio kämpfte nicht, er erklärte sich mit einem Rücktritt einverstanden. Bevor er die Stadt verließ, hielt er seine letzte Rede vor den Särgen der Gefallenen: *Wir werfen heute nacht den Trauerruf «Ailalà» über die ermordete Stadt*. D'Annunzio fuhr am 18. Januar 1921 mit Luisa Baccara nach Venedig in die «Casetta rossa» zurück. Bis zu seinem Tod schmerzte ihn die Erinnerung an das *Blutige Weihnachten*.

Il Comandante in Fiume

Fiume bot den jungen Soldaten nicht nur das Abenteuer, sondern auch die Möglichkeit einer Welt, die dieselben Ideen und Werte verteidigte, die sie im Krieg kennengelernt hatten. Fiume war für sie die radikale Abkehr von etablierten Systemen. Die Legionäre waren keine ästhetisierenden ‹décadents›. Sie folgten nicht dem Dichter des Romans *Lust*, den sie höchstwahrscheinlich auch nicht gelesen hatten, sondern dem D'Annunzio vom 5. Mai 1915, dem Helden im Krieg, dem Flieger und Redner. Revolutionäre Kräfte in der Gesellschaft in den Jahren 1917 bis 1920 gab es überall in Europa. In Italien fanden sie ihren Weg in der Unterstützung nationalistisch-konservativer Kräfte, als Antwort einer Nation, die noch nach der Bestätigung ihrer vermeintlichen imperialen Größe suchte. Sie fanden ihren Weg unter anderem in der kulturell-politischen Bewegung des Futurismus, in der Arditi-Bewegung, in den ersten faschistischen Gruppen. Von allen diesen Bewegungen bleiben die Ereignisse in Fiume die widersprüchlichsten und bedeutendsten. Für D'Annunzio hatte diese soziale Utopie vielleicht in einem lyrischen Rausch angefangen, sie endete in Schmach. Nach sieben Jahren der Aktion sucht er die Einsamkeit: *Mach aus dir eine Insel*, diesen Spruch erwähnt er von jetzt an oft.[155] Der Faschismus erwies sich bald als eine Partei der Gewalt und Unterdrückung. D'Annunzio blieb, ohne Berührung mehr mit der Wirklichkeit, auf der anderen Seite. Damit war sein letztes Domizil, die Villa «Il Vittoriale», gemeint, in der er die alten Phantasmen der Bilder und Mythen zu erwecken versuchte – ein müder Kampf mit den Musen, ein Dialog mit der Melancholie.

Mein lieber Kamerad

Der Krieg mit Libyen, der dem «sozialen Frieden» der Ära Giovanni Giolittis ein Ende gesetzt hatte, ließ in Italien die Zuspitzung der Klassengegensätze noch schärfer hervortreten. Während die Linke sich in Diskussionen um die Frage Reform oder Revolution verstrickte, betrat Benito Mussolini – 1912 noch Mitglied der Sozialistischen Partei – den Weg eines politischen Eklektizismus, den er mit seiner «Theorie der Aktion» verfestigte. Er war aus der Sozialistischen Partei ausgetreten und hatte, unterstützt von großen Industriegruppen und Reedern, die antisozialistische Zeitung «Popolo d'Italia» gegründet. Erlitt Mussolini noch bei den allgemeinen Wahlen von 1919 eine Niederlage, so wurde er anderthalb Jahre später, an der Spitze des «Nationalblocks», in Mailand und Bologna gewählt. Seine Politik ordnete sich dem «Primat der Aktion» unter, er gab vor, für jede politische Lösung offen zu stehen: «Wir Faschisten haben keine vorgefaßte Meinung, unsere Doktrin ist die Tat.»[156] In den Mai-Tagen von 1915 und mit seiner Teilnahme am Krieg war D'Annunzio in Theorie und Praxis der Gründer dieser Aktivismus-Doktrin gewesen. D'Annunzio und seine Anhänger waren überzeugt, daß es möglich sei, die Bewegung von Fiume auf ganz Italien zu übertragen. Mussolini war derselben Meinung, wollte aber selbst an der Spitze der Bewegung sein. Er sah in D'Annunzio zu Recht den charismatischen Führer, den ernst zu nehmenden Rivalen, der große Teile der Armee und die Nationalisten hinter sich hatte. Obwohl damals alle, auch die Sozialisten, an einen Marsch auf Rom dachten, wollte Mussolini sich Zeit lassen, hielt den Zeitpunkt für ungünstig, fand die Pläne D'Annunzios, von Fiume aus mit Hilfe der Nationalisten und Faschisten auf Rom zu marschieren, noch illusorisch. Doch die Demonstrationen, die 1919 und 1920 in Italien für Fiume abgehalten wurden, brachten Nationalisten, Offiziere und Faschisten zusammen. Die Fiume-Expedition leistete dadurch Mussolini unerwartete Dienste. Er wird der Nutznießer dieses Abenteuers sein.

Bis 1918 finden wir keinen Hinweis auf persönliche Beziehungen zwischen D'Annunzio und Mussolini. Als D'Annunzio nach Fiume marschierte, benutzte er weder die Zeitung Mussolinis als Organ für seine Propaganda noch hatte er faschistische Elemente in seinen Reihen. Die Unterstützung kam eher von jenen Militärs, die den Nationalisten näher standen. Während der Besetzung Fiumes verhielt sich Mussolini vorsichtig und baute mit feinem Gespür seine Machtposition im Land aus. Er hatte in Mailand (23. März 1919) den bewaffneten Kampfbund («fascio di combattimento») gegründet, war zu einer Übereinstimmung mit den Futuristen und den Arditi gekommen, wartete, um einen direkten Zusammenstoß mit dem Staatsapparat zu vermeiden, auf die Wahlen im Jahre 1921, die jedoch enttäuschend für ihn ausgingen. Als D'Annunzio Fiume verließ, rührten sich die Faschisten nicht.

1920 setzte Giolitti faschistische Truppen gegen Nationalstreiks ein, wodurch Mussolini mit Hilfe der Regierung die Bewaffnung seiner Bewegung ausbauen konnte. Gewaltanwendung gegen die Sozialistische Partei und gegen die Volksbewegungen aus der Stadt und auf dem Land (Kleinbauern und Tagelöhner gehörten zum größten Teil zu sozialistischen Organisationen) wurde nun zur politischen Praxis. Ende des Jahres 1920 und im Frühjahr 1921 begannen auch die Großagrarier und das ländliche Kleinbürgertum der Po-Ebene und der Toskana sich dem Faschismus anzuschließen, um sozialistische Gemeindeverwaltungen gewaltsam zu unterdrücken. Als Polizei und Offiziere des Heeres faschistischen Truppen Waffen und Munition besorgten, wußte Mussolini, daß für ihn die Stunde der Macht gekommen war. Am 7. November 1921 wurde der «Partito Nazionale Fascista» gegründet, die faschistische Partei.

Damals hatten zahlreiche Nationalisten noch daran geglaubt, ein möglicher Marsch auf Rom unter D'Annunzios Führung würde Italien vor Gewalt und Diktatur retten. D'Annunzio hielt öffentliche Reden, sah sich als Retter der Nation, aber er zögerte, er träumte von politischen Systemen, die keinen Bezug mehr zur Praxis hatten. In die faschistische Partei ist D'Annunzio nie eingetreten. Mussolini verstand es jedoch, das Charisma des Comandante zu seinen Gunsten zu nutzen, die Nationalisten zu spalten, die Armee für sich zu gewinnen. Mussolinis Besuch vom 5. April 1921 in «Il Vittoriale» sollte den Anhängern D'Annunzios und noch möglichen nationalistischen Gegnern des Faschismus zeigen, daß die Faschisten gute Beziehungen zum Comandante pflegten.

Ausgehend von der *Carta del Carnaro* wollte sich der Dichter für die Gründung der Gewerkschaft der Seeleute einsetzen – ein erster konkreter Versuch, die Abschaffung der Arbeiterorganisationen durch Mussolini zu verhindern. Große Demonstrationen und Reden D'Annunzios waren geplant. Er trifft sich im «Vittoriale» mit wichtigen Vertretern des Sozialismus. Am 27. Mai 1922 empfängt er in seiner Villa den Leiter der sowjetischen Delegation beim Völkerbund in Genf. Man spricht auch von einem Treffen mit Antonio Gramsci. Am 11. Oktober 1922, unmittelbar vor seinem Marsch auf Rom, besuchte Mussolini D'Annunzio im «Vittoriale», fünf Tage lang, und es kam zu einem Übereinkommen über die Seeleutegewerkschaft. (Nach seiner Machtübernahme führte der Duce einen regelrechten Propagandakrieg dagegen.) Bei diesem Besuch muß

Mussolinis Besuch in «Il Vittoriale»

sich Mussolini vor allem vergewissert haben, daß D'Annunzio im Falle einer Machtergreifung nicht gegen ihn kämpfen würde. Doch wurde der Dichter möglicherweise über den bevorstehenden Marsch auf Rom nicht informiert. Am 29. Oktober 1922 stieg Mussolini in Mailand in den Schlafwagen, um nach Rom zu «marschieren». Der König hatte ihn beauftragt, die neue Regierung zu bilden.

Gabriele d'Annunzio war in Fiume ein Einzelgänger geblieben – Führer, Dichter, Held und Komödiant. Als politischer Mensch wußte Mussolini, daß er Verbündete, Organisationen und Programme brauchte. Von D'Annunzio übernahm er die in Fiume praktizierte und massenwirksame, choreographische Gestaltung der Politik. In diesem Sinn ist der Satz richtig, D'Annunzio sei der «Johannes der Täufer» des Faschismus gewesen. Der Marsch von Ronchi und Mussolinis Marsch auf Rom wurden miteinander verglichen. Manche Legionäre befanden sich später unter den Schwarzhemden Mussolinis. Als D'Annunzio in Quarto bei Genua 1915 seine große Rede für den Krieg hielt, organisierten sich in Rom Fascio-Anhänger, die auf den Plätzen gegen das Parlament demonstrierten. Der Faschismus hat es verstanden, sich vieler inszenatorischer Motive zu bemächtigen. Dazu gehörten die in Fiume eingeführten Rufe, Parolen und Riten, Versammlungs- und Huldigungsrituale. Aber in der *Carta del Carnaro* finden sich auch Elemente, die sich dem Sozialismus und Anarchismus nähern, die «Liga von Fiume» vermischte den Nationalismus mit Utopien des Internationalismus.

Nach der Machtergreifung glaubte D'Annunzio nicht daran, daß Mussolini sich lange halten würde. Er erinnerte den neuen Ministerpräsidenten mehrmals an den unterschriebenen Vertrag vom 11. Oktober über die Seeleutegewerkschaft, aber Mussolini hatte sich schon längst dagegen entschieden. Während D'Annunzio im ersten Halbjahr 1922 noch als Gegenspieler Mussolinis betrachtet wurde, konnte jetzt Mussolini zu D'Annunzio sagen: «Mein lieber Comandante, die Lage bestätigt meinen Triumph.» Von nun an sprach er D'Annunzio in seinen Briefen nur noch als Dichter an, «schreibe mir, aber nicht von Politik»[157].

Gabriele d'Annunzio konnte nicht mehr damit rechnen, zum Retter der Nation zu werden. Verbittert besiegelte der Dichter seinen Rücktritt aus dem öffentlichen Leben mit den Worten: *Ich habe beschlossen, mich in die Stille zurückzuziehen, mich meiner Kunst wieder zu widmen, die mich vielleicht trösten wird... Das Exil wird die Strafe sein für meine lange und völlige Aufopferung.*[158] Mussolini war sich aber dessen noch nicht sicher. Er schickte einen Vertrauten ins «Vittoriale», der als Spitzel diente. Dieser befreundete sich später mit D'Annunzio, eine Überwachung erwies sich bald als überflüssig.

Gabriele d'Annunzio erhielt große finanzielle Vorteile von der Regierung, auch zu der Zeit, als man ihn noch der Opposition verdächtigte. Das zeigen die Finanzierung der Ausgabe seiner *Gesammelten Werke* wie auch die finanzielle Unterstützung für die Erbauung des «Vittoriale». Zu seinem 60. Geburtstag bekam er als Geschenk die «Puglia», den vorderen Teil eines Kanonenboots, den er im Garten einmauern ließ. Den Vorschlag, ihn zum Senator zu ernennen, ließ er zurücknehmen.

Er ließ sich aber am 15. März 1924, wieder nach Mussolinis Vorschlag, vom König Vittorio Emanuele III. zum Prinzen von Montenevoso ernennen. Zu dieser Gelegenheit schrieb er an Mussolini: *Allein mein Name ist, vor Zeitgenossen und Nachfolgern, ein Ehrentitel; denn mein ganzes Leben hat die Vorsehung bewiesen, die mein Taufname ankündigt. Ich kann und muß nichts wünschen. Die Regierung und die Nation haben die dringende Pflicht, mich endlich «anzuerkennen», unabhängig von meinen Wünschen oder von meinem Zorn.*[159] Solche Ehrerweisung nahm er als selbstverständlich an von der Regierung und von Italien.

«Caro compagno, ich habe Dich beim Philosophenkongreß erwähnt. In diesem Sommer werden weitere zehn Akademiker ernannt. Die Namen, die Du mir empfiehlst, stehen auf der Liste.»[160] Der Duce ehrte ihn im Jahre 1937 durch die Ernennung zum Präsidenten der königlichen Akademie der Wissenschaften. Das letzte, größte Ereignis für den Dichter wurde die Erklärung seines Domizils «Il Vittoriale» zum nationalen Denkmal. Das war der Anlaß des offiziellen Besuchs Mussolinis in Gardone vom 25. bis zum 27. Mai 1925.

Gabriele d'Annunzio hatte sich in sein luxuriöses *Exil* zurückgezogen und ließ sich vom Staat feiern und aushalten. In seinem letzten Domizil muß er sich nicht mehr gegen die Gläubiger wehren, er hat endlich zuverlässige Mäzene gefunden, die ihm auch die Druckkosten seiner geplanten *Opera Omnia* bewilligen. Er schreibt nicht mehr 1000 Verse pro Tag, sein Blick wendet sich zurück, abschließend, ordnend. Der Freund und Verleger Emilio Treves ist tot, Nachfolger ist sein Bruder Guido Treves. D'Annunzio hatte zunächst Schwierigkeiten mit ihm und nahm daher Kontakte mit Arnoldo Mondadori auf und mit Senatore Borletti, dem Fabrikbesitzer und Präsidenten des Mondadori Verlags in Verona, einem Unterstützer der Abenteuer in Fiume. Erst 1925 konnte er den Vertrag bei Treves kündigen und schaltete Mussolini ein, der mit Unterstützung von Mondadori und des italienischen Kultusministeriums 1926 ein Nationalinstitut für die Herausgabe der Werke D'Annunzios gründete. Mit einem Startkapital von 6000000 Lire stand die anonyme Gesellschaft unter der Schirmherrschaft des Königs. Der Dichter selbst hatte dafür eine Million Lire gestiftet. Vorgesehen waren 44 Bände, 49 wurden es schließlich. 1929 zog in «Il Vittoriale» der Bibliothekar Antonio Bruers ein, der die neue Ausgabe der *Opera Omnia* redigieren sollte, mit Einbeziehung der Veränderungsvorschläge, die D'Annunzio selbst machte. Er gab neun Luxusausgaben heraus, davon eine für den König, eine für Mussolini und eine für sich selbst. Die restlichen waren für den freien Verkauf bestimmt. Parallel dazu sollte eine Volksausgabe erscheinen, die sogenannte *Reihe*

Mit Arnoldo Mondadori

des Oleanders. Damit soll er insgesamt fünf bis sechs Milliarden Lire verdient haben, eine immense Summe für diese Zeit. Oder werden diese Zahlen nur angegeben, um die Ausgaben der von der italienischen Regierung mitfinanzierten Umbauten zu bemänteln? Denn immer noch ist die Frage offen, ob die Regierung ihrem Helden alles bezahlt hat.

Gabriele d'Annunzio hat oft die Meinung geäußert, das Beste am Faschismus stamme von ihm, ansonsten sei ihm diese Lebensdoktrin grundlegend fremd. Erst als Italien den Äthiopien-Krieg gewann, 1935/36, fand D'Annunzio Worte der Begeisterung für die Nation und für Mussolini.

Aber die Annäherungen zwischen Berlin und Rom konnte er auf Grund seines Hasses gegen Österreich nicht gutheißen. Er hatte Adolf Hitler als «Flachpinselattila» geschmäht und Charlie Chaplins Hitler-Darstellung vorwegnehmend schrieb er an Mussolini, der seine Reise nach Berlin angekündigt hatte: *Ich weiß, daß... Du dabei bist den Strolch Adolf Hitler*

Mit Mussolini auf dem Gardasee

selbstbewußt zurückzuweisen; diesen Mann mit seinem verschwiemelten Pöbelsgesicht unter dieser nicht mehr abwaschbaren Tünche von Kalk und Leim, in die er den Pinsel eingetaucht hatte; nein, sagen wir die Quaste, dort oben am Stielende, an der Rute, die ihm, dem grausamen Bajazzo, zum Zepter dient. Ihm reicht die Pinsellocke bis hinab zur Wurzel seiner Nazi-Nase.[161] Es gab Gerüchte, daß Hitler versucht habe, D'Annunzio als Judensohn zu brandmarken, was Mussolini zu einer Richtigstellung nötigte.

Seit Mussolinis Machtübernahme bis zum Tod D'Annunzios gab es einen regen Briefwechsel zwischen ihnen. D'Annunzio stellte immer wieder aufdringliche Bitten, er war oft gekränkt, nicht genug Ehrungen und Erwähnungen von der Regierung zu bekommen. Mussolini parierte mit einem gewissen Respekt, er war ihm gegenüber geduldig und zu kleinen Gefälligkeiten bereit. Während D'Annunzio in seinen Briefen in der Zeit um 1922 und 1923 Mussolini eher mit religiösen, messianischen Metaphern oder Vergleichen mit Mythen begegnete – Mussolini sollte wie ein Laokoon sein, der die Schlangen zerdrückt –, findet später eine eindeutige Veränderung in seinem Stil statt. Der Verlierer D'Annunzio, die literarische und politische Berühmtheit, die extrem isoliert lebt, der alte Mann, der zunehmend kokainabhängig wird, rächt sich mit der Macht der Worte. Er greift zunehmend auf einen skurrilen, groben Jargon zurück – ein debiler Komödiant, der sich weniger stilisiert, als man bislang vermutete. Der Dichter der Schönheit gesellt zur Selbstüberhöhung eine Selbstironie, die letzten Endes Sarkasmus und Enttäuschung gegenüber der Außenwelt sichtbar machen. Im gleichen Stil sind die Briefe, die er an seine Hausangestellten schreibt, er verkehrt in den letzten Jahren mit ihnen nur noch schriftlich. Im hohen Alter gilt für ihn die Erkenntnis: *Das Leben ist schneller, mächtiger und gerader als die Politik, und die Tat ist nicht die Schwester des Traums und nicht mal die des Gedankens. Agieren heißt immer die Niedrigkeit der Lage gegenüber dem Ideal zu akzeptieren*; jetzt beschließt D'Annunzio: *Ich stelle nichts, nicht einmal das Vaterland, über die Kunst.*[162]

Bei seinem Begräbnis jedoch ehrte Mussolini den Soldaten, weniger den Dichter.

Qui clausura assoluta

Am 14. Februar 1921 zog D'Annunzio in die Villa «Cargnacco» ein. 1922 beauftragte er den Architekten Giancarlo Maroni, einen Kriegskameraden, mit dem Um- und Erweiterungsbau. D'Annunzio kaufte Land hinzu und arbeitete selbst an der Planung mit dem Architekten zusammen. Der Sekretär Tom Antongini hatte das Haus «Cargnacco» in Gardone am Gardasee gefunden, einen ehemaligen Besitz des Dresdner Kunsthistorikers Henry Thode, der das Haus nach Kriegsausbruch hatte verlassen müssen. Nach den damaligen Nachkriegsgesetzen war die Villa als ausländischer Besitz in Italien beschlagnahmt worden und der Opera Nazionale Combattenti übergeben. Henry Thode hatte Daniela Senta von Bülow geheiratet, die Stieftochter von Richard Wagner, von der er sich 1914 scheiden ließ. Das Klavier, das im Haus verblieb, samt Bibliothek, hatte Franz Liszt, dem Großvater der Senta von Bülow, gehört. Für den Verfasser von *Feuer* war das ein bedeutungsträchtiger Zufall. Zur Bibliothek der Villa, die heute ca. 33 000 Bände umfaßt, darunter mehrere Inkunabeln und wertvolle Ausgaben, gehören auch 6300 Bände aus dem Besitz von Thode, denn entgegen dem Willen der Witwe konnte D'Annunzio sowohl die Villa für wenig Geld kaufen als auch große Teile der beschlagnahmten Güter behalten. Erst nach dem Tod D'Annunzios erhielt die deutsche Familie eine geringe Entschädigung für Möbel und Objekte, die D'Annunzio behalten hatte.

1926 war der Umbau der Villa, die er «Il Vittoriale» nannte, beendet – eine Einsiedelei und eine Herrscherresidenz zugleich, ein Kloster und ein Museum. Darin sind Erinnerungsstücke versammelt, Tausende eigener Bücher, historische Andenken an den Krieg und die Eroberung Fiumes, ebenso das Flugzeug, mit dem D'Annunzio über Wien flog. Er war so bemüht, sein Bild für die Nachfahren zu stilisieren, daß er sogar sein Geburtshaus in Pescara gänzlich umbauen lassen wollte. Der lang anhaltende Streit mit der Schwester Elvira, die dort allein wohnte und nicht ausziehen wollte, hinderte ihn aber daran.

Der Eingang der ursprünglich sehr bescheidenen Villa «Cargnacco» lag an einem kleinen Platz, an dem sich drei Feldwege kreuzten, mit einem herrlichen Blick über Zypressen, Oliven- und Zitronenbäume bis zum See. In Gardone wurde eine breite Autostraße in den Berghang geschnit-

«Il Vittoriale»: Der Eingang

ten und vor dem «Vittoriale» der Platz erweitert. Am Eingangsportal wurde das Motto angebracht: *Ich habe, was ich gegeben habe.* Ein langer Weg, mit Torbögen, Mauern, mit kleinen, runden Ausbuchtungen, die Plätze bilden, auf denen Kriegsdenkmäler errichtet sind, führt zur Villa «Cargnacco», zum Haupttrakt des Gebäudes, in dem D'Annunzio gewohnt hat. Über dessen Portal steht am Eingang die Inschrift: *Klausur, bis sie sich öffne; Stille, bis sie spreche.* Hinter dem Haus, überall im Park gibt es Säulen und Gedenktafeln, Steine, die an die blutgetränkten Schlachtfelder am Monte Grappa, an der Piave erinnern sollen. Heute noch ist in einem eigenen Bau das Unterseeboot aufbewahrt, mit dem er den Angriff von Buccari durchführte. Und nicht weit entfernt liegt das ungewöhnlichste Denkmal, der Bug der «Puglia», der D'Annunzio 1921 von der italienischen Marine geschenkt wurde, worum er ausdrücklich gebeten hatte. Dort befindet sich eine Gedenkkapelle für die Kriegsgefallenen auf dem Meer, mit dem Vers aus seiner Tragödie *Das Schiff: Mach aus allen Ozeanen ein Mare Nostrum.* Das von Zypressen flankierte Schiff bewahrt im unteren Bugteil Kriegsreliquien und hat als Galionsfigur einen Abguß der Venus von Milo.

Während der Park wie ein Freilichtmuseum des Ersten Weltkrieg wirkt, sind die Innenräume der Villa ein erstarrtes Dokument der Jahr

Die Empfangshalle

Das Arbeitszimmer

Das Schiff «La Puglia» im Garten von «Il Vittoriale»

hundertwende. Dort begegnen uns D'Annunzios bekannte Rauminszenierungen: Reliquien, Requisiten, Ansammlungen von Souvernirs, Spuren des eigenen Lebens, Vasen, Schmuck. Inschriften, Sinnsprüche oder Verse des Dichters begleiten den Weg. Schwere Teppiche dämpfen den Schritt. Bemalte Fensterscheiben lassen kein grelles Licht durchdringen wertvolle Lampen und Leuchter aus Muranoglas sorgen für wohlabgestimmtes Hell und Dunkel. *Unter den fürchterlichen Sachen dieser eitler Welt toleriert das Vittoriale ein Telefon.*

Zum letzten großen Ereignis im Garten des «Vittoriale» wurde di Festaufführung von *La Figlia di Jorio* am 11. September 1927, auf de natürlichen Bühne des Berghangs, am zehnten Jahrestag der Besetzun Fiumes. Sie wurde von der Regierung Mussolini veranstaltet und finan ziell gefördert. Der Aufführung wohnten berühmte Regisseure bei: Max Reinhardt ebenso wie Meyerhold und Stanislawski. Die Handlung des Stücks spielte sich auf zwei Bühnen ab, die einander gegenüber lagen. Das Publikum konnte nach den jeweiligen Akten auf den drehbaren Sitzen die Richtung wechseln. Aus Amerika, England, Deutschland, Frankreich wurden telegrafisch Eintrittskarten bestellt, alle auf Namen lautend und auf Pergament gedruckt. Das waren auch die ersten Eintrittskarten, die gleichzeitig zum Besuch des Hauses berechtigten, in das bislang selten jemand Einlaß bekommen hatte.

In jeder Geste und in jedem Wort war D'Annunzio bemüht gewesen, ein Bild von sich zu prägen, das ihn überleben sollte. Wie eine alternde Diva wollte er in der Öffentlichkeit das Bild seiner Jugendlichkeit und Frische, seiner Schnelligkeit und Lebhaftigkeit bewahren. Abgesehen von wenigen offiziellen Anlässen verbrachte der Dichter sein Leben von nun an in völliger Abgrenzung von der Außenwelt. Zurückgezogen ordnete er seine Schriften, schrieb gelegentlich überlange Telegramme mit nebensächlichen Beschwerden an die Regierung, redete von Werken, die nie geschrieben wurden. Nach Fiume hat D'Annunzio kein großes Werk mehr vorgelegt. Er war hauptsächlich damit beschäftigt, seine zum Teil schon verfaßte autobiographische Prosa zu strukturieren. Dazu gehören die autobiographischen Schriften *La contemplazione della morte, Le Faville del maglio, Il Notturno, Libro segreto*. In ihnen bewies D'Annunzio eine zuweilen überraschende Originalität. Mit dem größten Teil dieser

Fest auf der «La Puglia»

Luisa Baccara

Werke nähert sich der einst erfolgreichste Romancier der Jahrhundertwende einer der wichtigsten Erkenntnisse der modernen Prosa: daß das Schreiben nicht die Realität widerspiegeln kann, es verweist nur auf sich selbst und auf seine inneren Strukturen. In den letzten Jahren seines Lebens schrieb D'Annunzio jedoch keine Zeile mehr. Auch wenn er sich zwei Jahre vor dem Tod als ein *Genie des Sommers* bezeichnete, das *zwischen goldenen Ähren und purpurroten Mohnblumen* verweile, war sein letztes Buch *Le dit du sourd et du muet* – 1936 publiziert – schon 1925 geschrieben worden. 1932 notierte er: *Ich weiß nicht mehr zu sprechen und nicht mehr zu schreiben. Ich kann mich nicht mehr ausdrücken, es fehlen mir Werkzeug und Stil.*[163]

In der Einsamkeit seiner Räume wurde er zunehmend zu einem launischen und kranken Mann. Die Einsicht in die Notizhefte und die Briefe zwischen der *aufmerksamen petite Aélis* und ihrem «adoré Maître» bestä tigt die bislang nicht nachgewiesene Vermutung, daß D'Annunzio regelmäßig Kokain nahm. Demzufolge kam es häufig zu Wutausbrüchen. Er litt unter Verfolgungswahn, drohte, sich mit dem Revolver umzubringen, sperrte sich für Tage in seinem Zimmer ein, legte immer wieder Schallplatten von Claude Debussy auf und wiederholte in Anfällen übertriebener Trauer: *pauvre chèr grand homme*. Hohes Fieber und starke Schnupfenanfälle waren zum Regelfall geworden. Offiziell war die Pianistin Luisa Baccara die Hausherrin im «Vittoriale». Nach der Liebe mit dem Dichter in Fiume hatte sie auf eine vielversprechende Karriere verzichtet und diese Rolle – als Verzicht und Privileg gleichzeitig empfunden – für sich gewählt. Mit einer gewissen königlichen Pose empfing sie die Gäste und spielte jeden Abend Klavier für den Hausherrn. Später kam die Deutsche Emy Heufler dazu, über die das Gerücht verbreitet wurde, sie sei ein Nazi-Spitzel gewesen. Die drei Frauen, untereinander nicht frei von Eifersucht, bemühten sich jedoch gemeinsam, den Comandante zu verwöhnen und zu beruhigen. Nicht selten sorgten sie auch dafür, daß der Comandante seine Wünsche nach Frauen erfüllt bekam. Er bestellte sie bei Aélis: *Kleine Bürgerinnen*, die aus dem benachbarten Salò kamen und in zehn Minuten das «Vittoriale» erreichen konnten, Frauen, *deren wahres Leben die öffentliche Straße, der Rauch der Zigarette, der grobe Klatsch* war. So beschimpft er sie und stößt sie ab nach einer flüchtigen Annäherung: *Nach dem Essen um zwei Uhr nachts hat sie sieben Stunden geschlafen. Ich habe mich gelangweilt und las das neue Buch von Paul*

Mussolini beim Begräbnis

Morand. Der flüchtigen Begeisterung, *Miracle, sie gefällt mir unendlich gut, sie ist sinnlicher und frenetischer als die andere*, folgt unweigerlich der Überdruß: *Chère Aélis, sie ist bezaubernd, aber um Mitternacht war sie schon erschöpft. Sie hat schlecht geschlafen... mögen Sie bitte, mit Ihren souveränen Manieren, ihr raten, nach Desenzano zu fahren. Vielleicht braucht sie einen Koffer für die Geschenke. Ich habe heute viel zu tun. Diese Unterrichtsstunden über geheime Liebeskünste nerven mich irgendwie. Seien Sie bitte nett zu ihr. Sie hat wunderbare Beine.*[164] Diese *Modepüppchen* kamen von draußen, aus der *Welt der Vulgarität*, er lud sie zu sich ein, zwischen Teppichen und glänzenden Atlasstoffen, ließ sie im prunkvollen «Zimmer der Schildkröte» speisen, im «Blauen Zimmer» baden, gab ihnen passende Gewänder zum Anziehen, sie rauchten Kokain und Opium und wurden meistens drogenabhängig.

Auch aus dem Briefwechsel mit seinem Verwalter Alfredo Felici, dem ehemaligen Bürgermeister von Ancona, der ihn in Fiume unterstützt hatte, lesen wir deutlich von den Schwierigkeiten der letzten Jahre. Am Jahrstag des Flugs über Wien schreibt er am 9. August 1931 an Felici: *An den Gedenktagen ist die Erinnerung beklemmend. Es ist wie eine Verstümmelung und Verherrlichung des Lebens... Seit jener Stunde litt ich nur unter meinem Ruhm wie unter einer unnötigen unbekannten Krankheit.*[165]

Mit der Zeit wurde D'Annunzios Tagesablauf noch unregelmäßiger. Er saß selten bei Tisch mit seinen Gästen, schlief zu jeder Tageszeit. Sein Zustand verschlechterte sich. Er litt unter Magen- und Atembeschwerden, schlief nur noch mit Narkotika und wurde zum Hypochonder: *Diese aufgezwungene Klausur ist der niedrigste Zustand für einen Italiener, der der höchste Interpret der Schönheit Italiens wurde*, schrieb er am 16. Februar 1932. *Meine wirkliche Krankheit ist das Alter, daß ich mich allmählich sterben fühle. Mein Gott, und das bei soviel Überdruß am Leben! Endlich konnte ich von drei bis neun Uhr heute abend schlafen. Beim Aufwachen wurde ich vom Zorn überfallen; ich bemerkte, mit einem Sphinx- und einem Lynx-Auge, daß zwei wertvolle Gegenstände verschwunden waren. Wie sehr liebe ich all die Dinge! Amores et deliciae, et lacrymae rerum. Amore amori respondunt. Ja, die Dinge erwidern meine Liebe. Als Druckmittel habe ich dann das Essen verweigert – erst nach 33 Stunden strenger Nahrungsverweigerung esse ich jetzt – gedemütigt fühle ich mich.*[166] Sein Lebensrhythmus war: zwei oder drei Tage Klausur, dann drei, vier Stunden in der Sonne. Dann war er wieder drei, vier Tage krank. Fühlte er sich zwischendurch besser, erhob er sofort übermütig das Haupt und kam mit Forderungen daher, protestierte gegen alles. Er stilisierte sich nicht mehr, vor dem nahenden Tod war er eher ein sarkastischer, debiler Komödiant. Zwischen Schlafen, starken Schnupfenanfällen, vor denen er sich fürchtete, weil sie ihm *die Gehirnmasse aussaugten*, ertönte gelegentlich die Musik der Baccara in den Zimmern.

Im August 1938 besucht ihn der treue Freund Ugo Ojetti, der mit ihm

Legionari beim letzten Gruß

in den Krieg gezogen war. Er schreibt: «...sein Aussehen ist eine Katastrophe, ohne Zähne, mit einer großen Zunge und den eingefallenen Lippen... Nur Falten, und doch erscheint das Gesicht wie aufgedunsen.»[167] Er trug alte Schuhe und ungebügelte Kleider. Antonio Bruers, der Bibliothekar, berichtet über die letzten Augenblicke seines Lebens. D'Annunzio starb am 1. März 1938 an dem kleinen Schreibtisch im Schreibzimmer, wo er in der letzten Zeit auch seine Mahlzeiten zu sich nahm. «Der Comandante, im braunen Schlafanzug, wurde von seinem Sessel auf das Bett getragen. Sein Kopf sank nach hinten, seine Arme hingen schlaff herab. Der Comandante, stellen Sie sich vor, der Comandante sah wie eine Marionette aus! Entsetzlich!»[168]

Die Anordnungen, die er für die Stunden seines Todes Antonio Bruers erteilt hatte, konnten infolge seines plötzlichen Todes nicht eingehalten werden. Er wollte auf dem Totenbett liegen, in der Zelle sterben, in der ein Katafalk und das Bett in Gestalt einer Bahre standen. Beethovens Adagio des Quartetts, op. 59, Nr. 1 sollte gespielt werden. Der Leichnam wurde am nächsten Morgen im «Saal der Weltflucht» prunkvoll aufgebahrt, gekleidet in die Uniform eines Generals der Flieger, umgeben von vier hohen Kerzen.

Nur wenige Schriftsteller gaben D'Annunzio das letzte Geleit. Es verabschiedeten sich Minister in militärischer Uniform, Generale, Offiziere, Legionäre und Soldaten. Hinter der Bahre gingen der verschlossene Mussolini mit dem eingeübten Gesichtsausdruck eines Unerschütterlichen, den alle um ihn nachzuahmen versuchten, und Donna Maria d'Annunzio, immerhin noch seine Ehefrau, in einen langen schwarzen Schleier gehüllt, mit den beiden Söhnen Mario und Gabriellino.

Auf dem höchsten Punkt des Parkgeländes ließ Mussolini laut Gesetz vom 2. April 1940 das Mausoleum beginnen, es blieb unvollendet. Der Leichnam Gabriele d'Annunzios wurde erst im Juni 1963 in das Hochgrab inmitten überführt. Aus weißem Marmor errichtet, erinnert es an römische Grabmäler. Drei Stufen bilden kreisförmig den hohen Sockel für den Sarkophag in der Mitte. Etwas niedriger stehen die zehn Sarkophage für die Legionäre, die mit dem Dichter enger befreundet waren, und für den Architekten Maroni. Daß der Dichter der «Verse von Liebe und Ruhm» ein Wegbereiter des Faschismus gewesen war, wird im Pathos dieser Mausoleum-Architektur besonders deutlich.

Das Mausoleum

Das Mausoleum

Viele seiner Freunde waren D'Annunzio schon längst vorausgegangen. Die Todesnachricht überraschte beinah. Viele dachten, er sei bereits vor einigen Jahren gestorben. D'Annunzio war unbeweglich in seinem «Vittoriale» geblieben, geehrt zwar, aber ohne Bezug mehr zur Umwelt, ohne zu erfahren, was sich draußen ereignete. Dort bewegte sich Europa auf den Zweiten Weltkrieg zu.

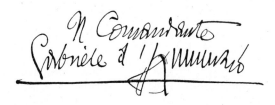

Anmerkungen

Zitiert wird, wo immer möglich, aus den veröffentlichten Übersetzungen ins Deutsche. Alle übrigen Original-Zitate wurden von mir übertragen. Es werden folgende Abkürzungen verwendet:

L   Gabriele d'Annunzio: Lust
U   Gabriele d'Annunzio: Der Unschuldige
TdT Gabriele d'Annunzio: Der Triumph des Todes
JvF   Gabriele d'Annunzio: Die Jungfrauen vom Felsen
F   Gabriele d'Annunzio: Feuer
A   Gabriele d'Annunzio: Amaranta
T   Gabriele d'Annunzio: Taccuini

1 Archivi del Vittoriale (Schenkungsakt v. 22. Dezember 1923)
2 Hugo von Hofmannsthal: Reden und Aufsätze, Bd. 1 (1891–1913). Frankfurt a. M. 1979. S. 174f
3 Robert Musil: Tagebücher I. Hg. v. Adolf Frisé. Reinbek 1976. S. 736f
4 S. Fischer Verlag. Von der Gründung bis zur Rückkehr aus dem Exil. Hg. v. Bernhard Zeller. Marbach 1985. S. 69f
5 Bertolt Brecht: Arbeitsjournal. Frankfurt a. M. 1973. S. 495
6 Piero Chiara: Vita di Gabriele d'Annunzio. Milano 1978
7 Paolo Alatri: Gabriele d'Annunzio. Torino 1983
8 Tom Antongini: Der unbekannte d'Annunzio. Leipzig 1939
9 Archivi del Vittoriale (Brief an Cesare Fontana v. 25. April 1878)
10 Gabriele d'Annunzio: Il secondo amante di Lucrezia Buti. Prose di ricerca II. Milano 1968. S. 181
11 Ebd.
12 Gabriele d'Annunzio: Cento e cento e cento e cento pagine del libro segreto di Gabriele d'Annunzio tentato di morire. Prose di ricerca II, a. a. O., S. 782
13 D'Annunzio: Il secondo amante..., a. a. O., S. 281
14 D'Annunzio: Cento e cento..., a. a. O., S. 65f
15 Ebd., S. 653
16 T, S. 849
17 Carteggio D'Annunzio–Mussolini (1919–1938), a cura di Renzo de Felice e Emilio Mariano. Milano 1971. S. 73 (Brief v. 28. September 1923)
18 Vgl. Amedeo Rapagnetta: La vera origine familiare e il vero cognome di Gabriele d'Annunzio. Memoria sulla scorta di documenti. Lanciano 1938. Das Buch wurde beschlagnahmt, weil es angeblich kompromittierend für den Dichter war.

19 D'Annunzio: Cento e cento..., a.a.O., S. 708
20 Gabriele d'Annunzio: Lettere a Giselda Zucconi, a cura di Ivanos Ciani. Pescara 1895 (Brief v. 11. Juli 1881)
21 D'Annunzio: Cento e cento..., a.a.O., S. 659
22 TdT, S. 121
23 Ebd., S. 122
24 D'Annunzio: Il secondo amante..., a.a.O., S. 185
25 Zu der Zeit im Internat vgl. Giuseppe Fatini: Il cigno e la cicogna, Gabriele d'Annunzio collegiale. Firenze 1935
26 D'Annunzio: Il secondo amante..., a.a.O., S. 227
27 Archivi del Vittoriale (Brief an Cesare Fontana v. 1. August 1880)
28 Gabriele d'Annunzio: Canto Novo. Preludio. In: Gabriele d'Annunzio, Versi d'Amore e di Gloria, a cura di Annamaria Andreoli e Niva Lorenzini, I Meridiani. Milano 1982. S. 178
29 Edoardo Scarfoglio: Libro di Don Chisciotte. Napoli 1911. Zit. n. Alatri, D'Annunzio, a.a.O., S. 34
30 Scipio Slataper: Quando Roma era Bisanzio. In: «La Voce» v. 20. April 1911. In: Scritti letterari e critici, raccolti da G. Stuparich. Milano 1956. S. 216–227
31 Alatri, a.a.O., S. 37
32 Ebd., S. 39
33 Ebd., S. 93
34 Gabriele d'Annunzio: Lettere a Barbara Leoni, con una premessa di B. Borletti e una nota di P.P. Trompeo. Firenze 1954
35 Gabriele d'Annunzio: Lettere a Emilio Treves (1885–1915). Maschinenmanuskript in den Archivi del Vittoriale aufbewahrt. Die Originale befinden sich in der Biblioteca Nazionale di Roma (Brief v. 1. Februar 1889)
36 Ebd. (Brief v. 12. Januar 1889)
37 Ebd. (Brief v. 17. Januar 1889)
38 D'Annunzio an Leoni nicht im Briefwechsel. Zit. n. Guglielmo Gatti: Gabriele d'Annunzio. Studi e saggi. Bologna 1959. S. 16
39 L, S. 188
40 Alatri, a.a.O., S. 60 (Brief an den Prinzen Maffeo Sciarra v. 6. April 1886)
41 D'Annunzio an Treves, a.a.O. (Brief ohne Datum, Juli oder August 1891)
42 Ebd., S. 222
43 Ebd., S. 115
44 Ebd., S. 137
45 Gabriele d'Annunzio: D'Annunzio à Georges Hérelle, corr. pres. par Guy Tosi. Paris 1946. S. 233 (Brief v. 30. Juli 1894)
46 Gabriele d'Annunzio: Nella vita e nell'arte. In: «La Tribuna» v. 23. Juni 1893
47 1887 kam es zum Rücktritt einiger Mitglieder der von Émile Zola gegründeten naturalistischen «Schule von Médan». Deutlich erfolgreicher dagegen wurde der mondäne, psychologische Roman. Paul Bourget, ein glänzender Vertreter dieser Gattung, wurde auch für D'Annunzio zum entscheidenden Vorbild.
48 So erschien 1888 die französische Übersetzung der «Brüder Karamasov» und 1899 die italienische; 1886 die französische Übersetzung von «Krieg und Frieden», 1891 die italienische. D'Annunzios Kenntnisse der russischen Autoren stammen aus dem Jahre 1890.
49 D'Annunzio an Treves, a.a.O. (Brief v. 5. Februar 1893)
50 Ebd. (Brief v. 1. September 1893)
51 TdT, S. 116f
52 Ebd., S. 244
53 Ebd., S. 234
54 D'Annunzio an Treves, a.a.O. (Brief v. 6. März 1893)
55 Ebd. (Brief v. 5. Januar 1894)

56 TdT, S. 462
57 Ebd., S. 189
58 JvF, S. 41
59 Ebd., S. 62
60 TdT, S. 197
61 JvF, S. 31f
62 TdT, S. 453
63 JvF, S. 47
64 Archivi del Vittoriale (Brief an Vincenzo Morello v. 8. Oktober 1895)
65 Ebd.
66 Artikel vom 8. Mai 1900
67 T, S. 77. Der Spruch stammt aus der Inschrift auf der Fassade der Kirche von Santa Maria della Passione in Mailand.
68 Dazu Frances Winwar: Con D'Annunzio di fuoco in fuoco. Milano 1960. S. 135, und Emilio Mariano: «Il Patto d'Alleanza» fra Eleonora Duse e Gabriele d'Annunzio. In: Nuova Antologia, Roma, gennaio-febbraio 1951. S. 3–16, 144–153
69 Gabriele d'Annunzio: Carteggio D'Annunzio–Duse, a cura di Piero Nardi. Firenze 1975. S. 26f (Brief v. 17. Juli 1904). Auch die Briefe von Eleonora Duse an D'Annunzio sollen demnächst von Emilio Mariano veröffentlicht werden.
70 D'Annunzios Franziskus-Kult hatte wenig mit Religiosität zu tun. Das Heilige war für ihn eher ein ästhetisches Requisit, so sind auch seine mönchischen Attitüden in «Il Vittoriale» zu verstehen.
71 Alatri, a.a.O., S. 209
72 Eleonora Duse an den Freund Vacarescu (Brief mit Datum 1901, handschriftlich aufbewahrt in der Fondazione Cini, Venedig)
73 F, S. 183
74 Ebd.
75 Ebd., S. 187
76 D'Annunzio: Cento e cento..., a.a.O., S. 681
77 Ebd.
78 Ebd.
79 Ebd., S. 683
80 D'Annunzio an Eleonora Duse, a.a.O., S. 68f (Brief v. 17. Juli 1904)
81 Ebd., S. 71
82 Ebd., S. 77f
83 Gabriele d'Annunzios *Solus ad Solam* war bislang das letzte auf deutsch erschienene Buch unter dem Titel Gabriele d'Annunzio: Amaranta. Das Tagebuch einer Leidenschaft. Übers. von Franz Wallner-Basté. Berlin–Wien–Leipzig 1944
84 A, S. 263
85 Benigno Palmerio: Con D'Annunzio alla Capponcina. Firenze 1938
86 Der Spruch stammt von Giovanni Moroni, einem Maler aus Bergamo, der diesen Satz seinem eigenen Selbstporträt zugefügt hatte.
87 A, S. 205
88 Ebd., S. 198
89 T, S. 245
90 A, S. 140
91 D'Annunzio an Hérelle, a.a.O., S. 255 (Brief v. 6. September 1896)
92 L, S. 95
93 Ebd., S. 91
94 Gaston Bachelard: Psychoanalyse des Feuers. München 1985. S. 26f
95 Aus der Widmung für Vincenzo Morello in dem Band *Più che l'amore*
96 Zu den vielen angekündigten und nie geschriebenen Werken s. Emilio Mariano: Le opere non composte di Gabriele d'Annunzio. In: AA. VV., L'arte di Gabriele d'Annunzio. Milano 1968. S. 248f
97 D'Annunzio an Treves, a.a.O. (Brief v. Januar 1896)
98 D'Annunzio an Hérelle, a.a.O., S. 59f
99 F, S. 15f
100 Ebd., S. 374f
101 Ebd., S. 391
102 «Corriere della Sera» v. 30. Juni 1963

103 D'Annunzio an Treves, a.a.O. (Brief v. 1. März 1903)
104 A, S. 260f
105 Bekannt ist D'Annunzios Kult für die delphische Sibylle Michelangelos, in deren Ausdruck er das seherische Ergriffensein mit demjenigen mädchenhafter Scheu beispiellos vereint sah.
106 F, S. 283f
107 Vgl. Theodor Elwert: Italienische Metrik. München 1968. S. 145
108 Zum Einfluß D'Annunzios auf die nachfolgende Dichtergeneration Aldo Rossi: D'Annunzio e il Novecento. In: Paragone, 226, dicembre 1968. S. 49–93
109 Einleitung von Eugenio Montale für die Gedichtsammlung von Lucio Piccolo: Gioco a nascondere. Canti barocchi. Milano 1956
110 D'Annunzio an Treves, a.a.O. (Brief v. 4. August 1909)
111 Ebd.
112 Ebd. (Brief v. 30. August 1898)
113 Ebd.
114 Zu diesem Fliegerroman vgl. auch Felix Philip Ingold: Literatur und Aviatik. Europäische Flugdichtung 1909–1927. Frankfurt a. M. 1980. S. 27f
115 Vincenzo Morello: Forse che sì, forse che no. In: Nuova Antologia, marzo 1910, S. 221–230
116 Dazu Christa Baumgarth: Geschichte des Futurismus. Reinbek 1966
117 Interview für die «Daily Mail» v. 23. Februar 1914, am darauffolgenden Tag auch in «Corriere della Sera» erschienen
118 Maurice Barrès: Mes Cahiers. In: L'Œuvre de Maurice Barrès, ann. par Philippe Barrès, Tome XVI. Paris 1968. S. 334f (Anm. v. 30. Juni 1910)
119 André Gide: Journal. In Œuvres complètes, VI. Bruges 1934. S. 412 (Anm. v. 15. April 1910)
120 D'Annunzio e il Corriere, a cura di Federico Roncoroni e Bruno Rossi. Milano 1986. S. 29 (Brief an den Direktor des «Corriere della Sera» Luigi Albertini v. 31. März 1911)
121 Interview von Gaston Sorbets. In: «Illustration Théâtrale» v. 27. Mai 1911
122 Zu den Umständen der Zusammenarbeit mit Claude Debussy vgl. Claude Debussy: Lettres inédites à André Caplet. Rec. par F. Lockspeiser, avant propos d'André Schaeffner, Collect. Domaine Musical. Monaco o. J.
123 In: «Le Monde» v. 6. April 1988. Die Aufführung fand im Kulturzentrum von Bobigny statt.
124 Barrès, a.a.O., S. 355
125 D'Annunzio: D'Annunzio à Hérelle, a.a.O. (Brief v. 2. Mai 1894)
126 Ebd. (Brief v. 3. Mai 1893)
127 Im Prosastück *La Leda senza cigno* wird von einer schönen Abenteurerin erzählt, die eine besondere Liebe zu ihrem Windhund hegt – daher die Anspielung auf die mythische Leda, die von einem Schwan geliebt wurde.
128 L, S. 110f
129 Tom Antongini: D'Annunzio aneddotico. Milano 1939. S. 302
130 D'Annunzio e il Corriere, a.a.O., S. 29 (Brief an Luigi Albertini v. 22. März 1913)
131 Gabriele d'Annunzio: Altri Taccuini, a cura di Enrica Bianchetti. Milano 1976. S. 221
132 Ebd., S. 227f
133 D'Annunzio an Treves, a.a.O. (Brief v. 13. August 1914)
134 D'Annunzio e il Corriere, a.a.O., S. 33 (Brief an Antonio Salandra v. 29. Juli 1915)
135 Briefe von Gabriele d'Annunzio an Olga Levi. Originale unveröffentlicht in den Archivi del Vittoriale aufbewahrt (Brief v. 1. Oktober 1916)

136 Ebd. (Brief v. 10. November 1916)
137 Gabriele d'Annunzio: Notturno. Prose di ricerca I. Milano 1947. S. 171
138 Ebd.
139 D'Annunzio an Olga Levi, vgl. Anm. 135 (Brief v. 19. Februar 1917)
140 Ebd. (Brief v. 25. Mai 1917)
141 D'Annunzio an Eleonora Duse, a. a. O., S. 105 f
142 Ebd., S. 107 (Brief v. 7. Januar 1918)
143 Ebd.
144 T, S. 31 f
145 D'Annunzio an Eleonora Duse, a. a. O., S. 121
146 Ebd., S. 124
147 D'Annunzio an Olga Levi, vgl. Anm. 135 (Brief v. 31. Oktober 1918)
148 Giovanni Comisso: Le mie stagioni. Milano 1951. Zit. n. Alatri, a. a. O., S. 442
149 T, S. 354
150 Brief von Gabriele d'Annunzio an Aélis. Originale unveröffentlicht in den Archivi del Vittoriale aufbewahrt.
151 Ebd. (Brief v. 22. Oktober 1919)
152 Ebd. (Brief v. 25. Oktober 1919)
153 T, S. 35
154 Siegfried Kracauer: Das Ornament der Masse. Essays. Frankfurt a. M. 1963. S. 50 f. Kracauer faßt das Ornament der Massenfigurationen als wesentlich abstrakte Form. Die These der «Geometrisierung der Körper» teilend, kritisiert Klaus Theweleit jedoch Kracauers These einer Anonymisierung des Menschlichen in den Massenfiguren, s. Klaus Theweleit: Männerphantasien. 2 Bde. Frankfurt a. M. 1977. Dazu auch: Inszenierung der Macht. Ästhetische Faszination im Faschismus. Hg. von der NGBK. Berlin 1987
155 D'Annunzio an Mussolini, a. a. O., S. 32
156 Zu Mussolini vgl. Renzo De Felice: Mussolini il rivoluzionario 1883–1920. Torino 1965, und Mussolini il fascista, 1921–1925. Torino 1966. Zu den Ursprüngen des italienischen Faschismus verweisen wir auf Angelo Tasca: Glauben, gehorchen, kämpfen. Aufstieg des Faschismus in Italien. Wien o. J. (ital.: Firenze 1950)
157 Ebd., S. 117 (Brief v. 5. September 1924)
158 Ebd., S. 32
159 Ebd., S. 100
160 Ebd., S. 278 (Brief v. 1. Juni 1929)
161 Ebd., S. 319
162 Ebd., S. LXXVIII f
163 Archivi del Vittoriale. Personale D'Annunzio
164 D'Annunzio an Aélis, vgl. Anm. 150 (Brief v. Dezember 1930 und v. 27. September 1934)
165 Paolo Alatri: D'Annunzio negli anni del tramonto. Venezia 1984. S. 48
166 Ebd., S. 81
167 Ugo Ojetti: D'Annunzio amico, maestro, soldato (1894–1944). Firenze 1957. S. 214
168 Ugo Ojetti: Italienische Variationen. Leipzig 1942. S. 128

Zeittafel

1863	12. März: Geburt von Gabriele d'Annunzio in Pescara (Abruzzen) als Sohn von Francesco Paolo d'Annunzio und Luisa de Benedictis
1874	1. November: Studium im Real Convitto Cicognini in Prato (Toskana)
1879	Publiziert seine erste lyrische Sammlung: *Primo Vere*
1881	Juni: Abitur. November: Beginn des literaturwissenschaftlichen Studiums an der Universität Rom. Mitarbeit an den Zeitungen «Capitan Fracassa», «Fanfulla della Domenica» und «Cronaca Bizantina» von Angelo Sommaruga
1882	Erscheinen *Canto Novo* und die Novellensammlung *Terra vergine* (Sommaruga, Rom)
1883	Heiratet Maria Hardouin, duchessa di Gallese (gest. 1954)
1884	Erscheinen *Intermezzo di rime* und *Il Libro delle Vergini*. Beginn der Mitarbeit an der römischen Zeitung «La Tribuna» (bis 1888)
1885	Direktor der Zeitung «Cronaca Bizantina»
1886	Erscheinen *Le Novelle di San Pantaleone* und *Isaotta Guttadauro e altre poesie*
1889	Erscheint der erste berühmt gewordene fin de siècle-Roman *Il Piacere* (*Lust*) und im nächsten Jahr, in einem Band, *L'Isotteo und La Chimera*
1890	Militärdienst
1891	Verläßt Rom. Im Atelier des Freundes Francesco Paolo Michetti, in Francavilla, Abruzzen, schreibt er *L'Innocente* (*Der Unschuldige*). Reise nach Neapel. Beginn der Mitarbeit an der neapolitanischen Zeitung «Il Mattino»
1892	Es erscheinen: *L'Innocente*, die *Odi Navali*, *Elegie Romane*, der Kurzroman *Giovanni Episcopo* und die erste französische Übersetzung von *L'Innocente*: *L'Intrus*
1893	stirbt der Vater. D'Annunzio beginnt die Arbeit an *Il Trionfo della morte* (*Der Triumph des Todes*), das 1894 erscheint
1895	Reise nach Griechenland. Lernt Eleonora Duse kennen. Es erscheint die Rede *Die Allegorie des Herbstes*
1896	Treves publiziert *Le Vergini delle Rocce* (*Die Jungfrauen vom Felsen*)
1897	Zieht in «La Capponcina» bei Florenz ein. Es erscheint das Theaterstück *Sogno d'un mattino di primavera* (*Traum eines Frühlingsmorgens*). Wird vom konservativen Kreis Ortona zum Abgeordneten gewählt. Hält die berühmte Wahlrede *Discorso della siepe*

1899	Aufführung seiner zwei Tragödien: *La Gioconda* und *La Gloria*
1900	Ende seiner parlamentarischen Karriere. Er wird nicht wieder ins Parlament gewählt. Es erscheint der ‹Venedig–Eleonora Duse›-Roman *Il Fuoco* (*Feuer*)
1901	9. Dezember: *Francesca da Rimini* wird im Theater Costanzi, Rom, aufgeführt
1903–1904	Es erscheinen die drei Volumen der *Laudi* (des Himmels, des Meeres, der Erde und der Helden). Schreibt *La Figlia di Jorio*, im folgenden Jahr im Lirico, Mailand, aufgeführt
1905–1906	Schreibt das Theaterstück *La Fiaccola sotto il moggio*. 1906 Aufführung von *Più che l'amore*
1907	Er liest in Fiume am 23. Oktober die Tragödie *La Nave* (*Das Schiff*), aufgeführt im nächsten Jahr in Rom und gleichzeitig als Buch erschienen
1909	Wegen Schulden muß er «La Capponcina» verlassen und sich am Strand der Versilia bei Freunden zurückziehen. Es erscheint die Tragödie *Fedra* und 1910 der sehr erfolgreiche Roman *Forse che sì, forse che no* (*Vielleicht– Vielleicht auch nicht*), der Roman des Fliegens, der der futuristischen Ästhetik nahesteht
1910	Beginn des freiwilligen Exils in Frankreich, zunächst in Paris, dann in Arcachon an der französischen Atlantikküste
1911	22. Mai: Aufführung im Châtelet Paris von *Le Martyre de Saint Sébastien*, Musik von Claude Debussy. Veröffentlichung der *Canzoni d'oltre mare* zur Verherrlichung des italienischen Libyen-Kriegs in der Mailänder Tageszeitung von Luigi Albertini «Corriere della Sera»
1912–1914	Abfassung mehrerer Werke: *La Pisanelle ou la mort parfumée* (auf französisch); *Contemplazione della morte*, 1913; *La Leda senza cigno* (1916 erschienen); *Licenza*, am 14. Dezember Aufführung in Paris von *Le Chèvrefeuille*. 1914 schreibt er die Untertitel für den Film «Cabiria»
1914	Ausbruch des Ersten Weltkriegs. D'Annunzio ist in Paris, während Italien sich noch für neutral erklärt
1915	5. Mai: Rückkehr von D'Annunzio nach Italien. Rede in Quarto bei Genua. Italien tritt in den Krieg ein, am 15. Juli ist der freiwillige Leutnant Gabriele d'Annunzio in Venedig zum Kämpfen bereit. Im Oktober mietet er die «Casetta rossa» in Venedig, direkt am Canal Grande, dort wohnt er während des Kriegs. Von dort aus werden militärische Aktionen gestartet. Er ist Flieger und Verfasser mehrerer Lobreden im «Corriere della Sera»
1916	15. Januar: Unfall beim Landen in Grado, verliert ein Auge. Während der aufgezwungenen Zeit der absoluten Unbeweglichkeit schreibt er *Notturno*, ein Kommentar der Erblindung und der Dunkelheit. Am 13. September nimmt er die militärischen Aktivitäten wieder auf. Er ist inzwischen zum Oberleutnant der Lanzenreiter von Novara aufgestiegen
1917	27. Januar: Seine Mutter stirbt, er fährt nach Pescara. Weiterhin viele militärische Aktionen mit Flugzeugen. 24. Oktober: Die Niederlage von Caporetto. Er versucht die Moral der Soldaten mit seinen Reden hochzuhalten

1918	10.–11. Februar: Führt die berühmte Beffa di Buccari aus. 9. August: Weltberühmter Flug über Wien. November 1918 Ende des Kriegs für Italien
1919	Doktortitel honoris causae von der Universität Rom, bei der er seine Studien nie beendet hatte. 12. September: Eroberung Fiumes. 7. Oktober: Besuch Mussolinis in Fiume
1920	*Natale di sangue* (*Blutiges Weihnachten*). Fiume ist, nach den Rapallo-Verträgen zwischen Italien und Jugoslawien, zu einer freien Stadt erklärt worden und D'Annunzio muß die Stadt räumen
1921	D'Annunzio verläßt im Januar Fiume und legt seine Residenz in Gardone, «Il Vittoriale», fest. 5. April: Kolloquium mit Mussolini. 13. November: Die Erinnerungsprosa *Notturno* wird für den Druck freigegeben
1922	September: D'Annunzio entwirft ein Programm für einen Gewerkschaftsvertrag zwischen dem italienischen Bündnis der Seeleute und den faschistischen Organisationen, die eher die Reeder unterstützen. 11. Oktober: Besuch von Mussolini in «Il Vittoriale». 28. Oktober: Marsch auf Rom von Mussolini. 15. Dezember: Mussolini akzeptiert keine Gewerkschaftsorganisationen. D'Annunzio zieht sich aus der Öffentlichkeit immer mehr zurück
1923	Die ersten Akte der Schenkung des «Vittoriale» an den italienischen Staat werden unterschrieben
1924	15. März: Annexion Fiumes durch Italien. D'Annunzio wird zum Prinzen von Montenevoso ernannt. 12. April: Besuch von Paul Valéry. 10. März: Es erscheint die Erinnerungsprosa *Faville del Maglio*
1925	25. Mai: Mussolini besucht «Il Vittoriale» für drei Tage. Juni: D'Annunzio kündigt den Vertrag mit dem Verleger Treves und plant die *Opera Omnia* mit Mondadori. 1926 entsteht das Nationalinstitut für die Herausgabe der Werke D'Annunzios. Die Veröffentlichung der Nationalausgabe in 49 Bänden wird 1936 abgeschlossen
1927	Berühmte Theateraufführung der Tragödie *La Figlia di Jorio* im Freilichttheater von «Il Vittoriale»
1935	Abschluß seiner letzten wichtigen Prosa: *Libro segreto*. Am 25. Juni erscheint: *Cento e cento pagine del libro segreto di Gabriele d'Annunzio tentato di morire*
1936	Erscheint noch *Le dit du Sourd et muet qui fut miraculé en l'an de grâce 1266* und *Teneo te, Africa*, sechs Gedichte mit Originalunterschrift, die den Äthiopien-Krieg Mussolinis loben
1937	Er wird zum Präsidenten der Italienischen Akademie ernannt
1938	Gestorben am 1. März in «Il Vittoriale» an einem Gehirnschlag

Zeugnisse

Bertolt Brecht
Die Charta der Seeleutegewerkschaft wird längere Zeit ein interessantes Dokument bleiben, auch seine Provokationen könnte man mit Opusnummern versehen herausgeben. Seine Eitelkeit ist der Selbstgefälligkeit Hollywoods turmhoch überlegen, so ist es sein Geschmack, wenn er auch etwas zu disparat ist, und sein ganzer Lebensstil, der immerhin nicht nur der Arbeit, sondern auch der Ausschweifung etwas Produktives verleiht.

«Arbeitsjournal»

Benedetto Croce
Dilettant der Empfindungen. Er besuchte Jagdvergnügen, Pferderennen, Salons, er liebte den *Sport* und betrieb den *Sport* der Liebe... Hauptmerkmal seiner Kunst ist das Fragmentarische... Vollkommen ist D'Annunzios Kunst vor allem in der Dichtung und nicht in der Prosa. Er wird das höchste Denkmal der dekadenten Kunst bleiben; das ist übrigens auch die allgemeine Meinung, *vox populi, vox Dei.*

«Essays»

Hugo von Hofmannsthal
Heute scheinen zwei Dinge modern zu sein: die Analyse des Lebens und die Flucht aus dem Leben... In den Werken des originellsten Künstlers, den Italien augenblicklich besitzt, des Herrn Gabriele d'Annunzio, kristallisieren sich diese beiden Tendenzen mit einer merkwürdigen Schärfe und Deutlichkeit: seine Novellen sind psychopathische Protokolle, seine Gedichtbücher sind Schmuckkästchen... In diesem Sinn ist das «Isottèo» das schönste Buch, das ich kenne: «Die nackten silbernen Pappeln standen regungslos wie silberschimmernde Leuchter, und die Lorbeerbäume bebten wie angeschlagene Lauten...» Hier sind Beispiele machtlos; ist es doch die schönste, die ewig beneidete Sprache.

«Gabriele d'Annunzio» in: «Reden und Aufsätze»

Ich sehe Casanova, den das Spielerglück verlassen hat, Casanova mit fünfzig Jahren, Casanova in keinem glücklichen Moment, Casanova kriegerisch geschminkt und über dem notdürftig zugeknöpften Schlafrock die Leier des Tyrtäos.
«Antwort auf die ‹Neunte Canzone› Gabriele d'Annunzios» in: «Reden und Aufsätze»

Robert Musil
Er war soweit ein guter Patriot, als er ein guter Dichter war, man kehrt es aber um: er war ein guter Dichter, weil er ein guter Patriot war. Tut es der Faschismus allein? Mit Th. Mann geschähe unter geänderten Umständen das gleiche!

Ich habe während der bedrängenden Zeit des Hitlerschen Einmarsches u. seiner Folgen Lust von d'Annunzio wiedergelesen. Es ist eines der ersten Bücher gewesen, durch die ich vor 40 Jahren Bekanntschaft mit der «Moderne» machte, und eins der ersten, die Einfluß auf mich hatten. Ich gäbe etwas darum, noch zu wissen, welchen.
«Tagebücher»

Thomas Mann
Und man nahm den eitlen, rauschsüchtigen Künstlernarren ernst dortzulande, wenigstens vorübergehend!... D'Annunzio, den Affen Wagners, den ehrgeizigen Wort-Orgiasten...
«Betrachtungen eines Unpolitischen»

Edoardo Sanguineti
Jetzt daß wir von unserem fin de siècle aus auf D'Annunzio schauen können, erweist er sich als die Prähistorie der Postmoderne.
«L'Espresso», 3. März 1988

Leonardo Sciascia
«Ich liebe mich». Es ist das geeignetste Motto, das D'Annunzio hätte für sich nehmen können. Es stammt von Giacomo Casanova.
Vorwort zu Gabriele d'Annunzio: «Alla Piacente»

Bibliographie

1. Bibliographische Hilfsmittel

BALDAZZI, ANNA: Bibliografia della critica dannunziana nei periodici italiani dal 1880 al 1938. Roma 1977
DE MEDICI, GIULIO: Bibliografia di Gabriele d'Annunzio. Roma 1928
FALQUI, ENRICO: Bibliografia dannunziana. Firenze 1941
FORCELLA, ROBERTO: D'Annunzio, I–IV. Roma–Firenze 1926–1937
LUTI, GIORGIO: La cenere dei sogni. Studi dannunziani. Pisa 1973
PETRONIO, GIUSEPPE: D'Annunzio. Palermo 1977
VECCHIONI, MARIO: Bibliografia critica di Gabriele d'Annunzio. Pescara–Roma 1970
Außerdem sind wichtige bibliographische Angaben in:
Storia della letteratura italiana, a cura di EMILIO CECCHI e NATALINO SAPEGNO, vol. IX: Il Novecento, a cura di EZIO RAIMONDI. Milano 1969
Inventario dei manoscritti di Gabriele d'Annunzio al Vittoriale. In: Quaderni dannunziani, XXXVI–XXXVII. Gardone Riviera 1968

2. Werke

Pagine disperse (Cronache mondane – Letteratura – Arte). A cura di ALIGHIERO CASTELLI. Roma 1913
Edizione nazionale dell'Opera Omnia. 48 voll. più uno di indici. Istituto nazionale di tutte le Opere. Milano 1927–1936
Opere. 10 voll. A cura del sodalizio «L'Oleandro». Milano 1931–1935; II serie in 18 voll. Milano 1932–1937
Scritti, messaggi, Discorsi e Rapporti Militari. A cura di G. Po. Edizioni Roma, a. XVII (1939)
Tutte le opere. A cura di EGIDIO BIANCHETTI. 11 voll. Milano 1939–1976
Opere poetiche. Con interpretazione e commento di E. PALMIERI. 8 voll. Bologna 1941–1959
Roma senza lupa. Cronache mondane (1884–88). A cura di ANTONIO BALDINI e PIER PAOLO TROMPEO. Milano 1948
Poesie – Teatro – Prose. A cura di MARIO PRAZ e F. GERRA. Milano–Napoli 1966
La penultima ventura. Scritti e discorsi fiumani. A cura di RENZO DE FELICE. Milano 1974
Poesie. A cura di FEDERICO RONCORONI. Milano 1978

Favole mondane. A cura di Federico Roncoroni. Milano 1981
Versi d'Amore e di Gloria. A cura di Annamaria Andreoli e Niva Lorenzini. Intr. Luciano Anceschi. Milano 1982 (I Meridiani)
Alla Piacente. A cura di Leonardo Sciascia. Milano 1988

Deutsche Übersetzungen
a) Prosa
Der Unschuldige. Übers. von Maria Gagliardi. Berlin (S. Fischer) 1896
Lust. Übers. von Maria Gagliardi. Berlin (S. Fischer) 1899
Der Triumph des Todes. Übers. von Maria Gagliardi. Berlin (S. Fischer) 1899
Feuer. Übers. von Maria Gagliardi. München (Albert Langen) 1900
Episcopo und Co. Novellen. Übers. von Maria Gagliardi. Berlin (S. Fischer) 1901
Die Jungfrauen vom Felsen. Berlin (S. Fischer) 1902
Die Novellen der Pescara. Übers. von C. von Sanden und Maria Gagliardi. Berlin (S. Fischer) 1903
Novellen. Übers. von Ch. Beer. Ill. von F. Christophe. Berlin–Leipzig–Wien (Buchverlag fürs Deutsche Haus) 1908
Vielleicht – Vielleicht auch nicht. Übers. von Karl Vollmoeller. Leipzig (Insel) 1910 – Neuaufl.: München (Matthes & Seitz) 1988
Betrachtung des Todes. Übers. von Gustav Schneeli. München (Georg Müller) 1919
Notturno. Übers. von O. Fangor. Wien (Renaissance) 1922 [Raubdruck]
Amaranta. Das Tagebuch einer Leidenschaft. Übers. von Franz Wallner-Basté. Wien (Karl H. Bischoff) 1942
Das Feuer. Hg. und eingel. von V. Orlando. Übers. von G. Silvani. München (Matthes & Seitz) 1988

b) Gedichte
Römische Elegien. Übers. von Eugen Guglia. Wien (C. W. Stern) 1903
In Memoriam Friedrich Nietzsche. Dichtung von Gabriele d'Annunzio. Übers. von Otto Freiherr von Taube. Leipzig (Insel) 1906
Die Auferstehung des Kentauren. Der Tod des Hirsches. Übers. von Rudolf Binding. Leipzig (Insel) 1909
Gedichte. In: Zeitgenössische Dichter. Übertragen von Stefan George, zweiter Band: Verlaine, Mallarmé, Rimbaud, de Regnier, D'Annunzio, Rolicz Lieder. Berlin (Georg Bondi) 1923

c) Theater
Die Gioconda. Übers. von Linda von Lützow. Berlin (S. Fischer) 1899
Traum eines Frühlingsmorgens, Dramatisches Gedicht. Übers. von Linda von Lützow. Berlin (S. Fischer) 1900
Die Gloria. Übers. von Linda von Lützow. Berlin (S. Fischer) 1900
Die tote Stadt. Übers. von Linda von Lützow. Berlin (S. Fischer) 1901
Traum eines Herbstabends. Übers. von Linda von Lützow. Berlin (S. Fischer) 1903
Francesca da Rimini. Übers. von Karl Vollmoeller. Berlin (S. Fischer) 1903
Phädra. Übers. von Rudolf G. Binding unter Mitwirkung von K. Vollmoeller. Leipzig (Insel) 1910
Das Schiff. Übers. von Rudolf G. Binding. Leipzig (Insel) 1910
Das Martyrium des heiligen Sebastian. Ein Mysterium. Übers. aus dem Französischen von Gustav Schneeli. Berlin (Erich Reiss) [1913]

Briefwechsel

D'Annunzio à Georges Hérelle. Correspondance accompagné de douze sonnets cisalpins. Introduction, Traduction et Notes de G. Tosı. Paris (Denoël) 1946

Claude Debussy et Gabriele d'Annunzio. Correspondance presentée par G. Tosı. Paris (Denoël) 1948

Lettere a Barbara Leoni. Con una premessa di B. BORLETTI e una nota di P. P. TROMPEO. Firenze (Sansoni) 1954

Carteggio D'Annunzio–Mussolini 1919–1938. A cura di RENZO DE FELICE e EMILIO MARIANO. Milano (Mondadori) 1971

Carteggio D'Annunzio–Eleonora Duse. A cura di PIERO NARDI, con pref. di V. BRANCA. Firenze (Le Monnier) 1975

Carteggio D'Annunzio–Ojetti 1894–1937. A cura di COSIMO CECCUTI. Firenze (Le Monnier) 1979

Carteggio D'Annunzio–Giselda Zucconi. A cura di IVANOS CIANI. Pescara 1985

Lettere a Jouvance. Pref. di PIETRO GIBELLINI, a cura di ELENA BROSEGHINI. Milano (Rosellina Archinto) 1988

Siehe dazu noch Katalog der Briefe Gabriele d'Annunzios im Vittoriale in: Quaderni dannunziani, XLII–XLIII, 1976, 2 Bde.

3. Sekundärliteratur (Auswahlbibliographie)

a) Biographien

ALATRI, PAOLO: D'Annunzio. Torino 1983

D'Annunzio negli anni del tramonto, 1930–1938. Venezia 1984

ANDREOLI, ANNAMARIA: Gabriele d'Annunzio. Firenze 1988

ANTONGINI, TOM: Gabriele d'Annunzio senza segreti. Varbania 1940

CHIARA, PIERO: Vita di Gabriele d'Annunzio. Milano 1978

DAMERINI, GINO: D'Annunzio a Venezia. Milano 1943

FATINI, GIUSEPPE: Il Cigno e la Cicogna. Gabriele d'Annunzio collegiale a Prato. Firenze 1987 (1935)

GARGIULO, ALFREDO: Gabriele d'Annunzio. Firenze 1941 (1. ed. Napoli 1912)

GATTI, GUGLIELMO: Le donne nella vita e nell'arte di Gabriele d'Annunzio. Modena 1951

Gabriele d'Annunzio. Studi-Saggi. Bologna 1959

Alessandra di Rudinì e Gabriele d'Annunzio, da carteggi inediti. Roma 1956

OJETTI, UGO: D'Annunzio. Amico–Maestro–Soldato (1894–1944). Firenze 1957

JULLIAN, PHILIPPE: D'Annunzio. Paris 1971

PALMERIO, BENIGNO: Con D'Annunzio alla Capponcina. Firenze 1938

ROLLAND, ROMAIN: Gabriele d'Annunzio et la Duse. Paris 1947

SCARFOGLIO, EDOARDO: Il libro di Don Chisciotte. Milano 1925

WINWAR, FRANCES: Wingless Victory. A biography of Gabriele d'Annunzio and Eleonora Duse. New York 1956

b) Sammelbände

AA. VV.: Gabriele d'Annunzio nel primo centenario della nascita. Roma 1963

L'Arte di Gabriele d'Annunzio. Atti del Convegno Internazionale di studio. Venezia – Gardone Riviera – Pescara, 7–13 ottobre 1963. Milano 1968

Atti del Convegno su D'Annunzio e il simbolismo europeo, Gardone 1973. A cura di Emilio Mariano. Milano 1976

D'Annunzio, il testo e la sua elaborazione. Atti del Convegno tenuto al Vittoriale il 22–23 settembre 1977. Quaderni del Vittoriale, n. 5–6, ott.–dic. 1977. Gardone Riviera 1977

Natura e arte nel paesaggio dannunziano. Atti del II Convegno internazionale di Pescara, 29–30 novembre 1980. Centro nazionale di studi dannunziani. Pescara 1982

D'Annunzio e la Cultura Germanica. Atti del VI Convegno internazionale di Pescara, 3–5 maggio 1984. Pescara 1985

c) Untersuchungen

Anderhub, Annemarie: Gabriele d'Annunzio in der deutschen Literatur (Diss Phil.). Bern 1948

Angeli, Diego: Cronache del Caffè Greco. Milano 1930

Bianconi, Luigi: D'Annunzio critico. Firenze 1940

Barberi Squarotti, Giorgio: Il gesto improbabile. Tre saggi su Gabriele d'Annunzio. Palermo 1971

Caracciolo, Armando: Roma capitale. Roma 1956

Chabod, François: L'idea di Roma. In: La politica estera italiana. Bari 1951

Cimmino, Nicola Francesco: Poesia e poetica in Gabriele d'Annunzio. Firenze 1960

Cles, Denise: Die Propagandatätigkeit Gabriele d'Annunzios gegen Österreich-Ungarn, 1914–1918 (Diss. Masch.). Wien 1972

De Michelis, Eurialo: Tutto D'Annunzio. Milano 1960

D'Annunzio a contraggenio. Roma 1963

Doderet, Alphonse: Vingt ans d'amitié avec Gabriele d'Annunzio. Paris 1956

Fabre, Giorgio: D'Annunzio esteta per l'informazione (1880–1900). Napoli 1981

Gazzetti, Maria: Gabriele d'Annunzio. Giornalista nella cultura europea della fine del secolo (1183–1888). Pisa 1986

Gullace, Giovanni: Gabriele d'Annunzio in France. A study in cultural relations. Syracuse–New York 1966

Jacomuzzi, Angelo: Una poetica strumentale: Gabriele d'Annunzio. Torino 1974

Kiffer, Monika: Mussolinis Afrika-Feldzug 1935–1936 im Spiegel von Literatur und Propaganda der Zeit. Bonn 1988

Levi, Alise: I miracoli del vivere. Scritti, immagini, testimonianze. A cura di Roberto Pappacena. Cortina 1987

Marabini Moevs, Maria Teresa: Gabriele d'Annunzio e le estetiche della fine del secolo. L'Aquila 1976

Marinetti, Filippo Tommaso: Les Dieux s'en vont, D'Annunzio reste. Paris 1908

Mazzarella, A.: Il Piacere e la morte. Sul primo D'Annunzio. Napoli 1983

Oliva, Giorgio: I nobili spiriti Pascoli, D'Annunzio e le riviste dell'estetismo fiorentino. Bergamo 1979

Praz, Mario: Il Patto col serpente. Milano 1973

Raimondi, Ezio: Il silenzio della Gorgone. Bologna 1980

Salierno, Vito: D'Annunzio e i suoi editori. Milano 1987

Scarano, Emanuella: Dalla «Cronaca Bizantina» al «Convito». Firenze 1970

TEDESCHI, RUBENS: D'Annunzio e la musica. Firenze 1988
TOSI, GUY: D'Annunzio en Grèce et la croisière de 1895. Paris 1947
VECCHIONI, MARIO: Gli amori e altri saggi. Pescara 1988

d) Fiume
ANIANTE, GABRIEL: D'Annunzio, Saint Jean du Fascisme. Paris 1934
DE FELICE, RENZO: D'Annunzio politico (1918–1928). Roma–Bari 1978
GRIFFIN, GERALD: Gabriele d'Annunzio. The warrior Bard. Washington–New York–London 1935
LEDDA, ELENA: Fiume e D'Annunzio: Pagine di storia. Chieti 1988
LEDEEN, MICHAEL A.: The First Duce: D'Annunzio at Fiume. Baltimore 1977
SPINOSA, ANTONIO: D'Annunzio: il poeta armato. Milano 1987
VALERI, NINO: D'Annunzio davanti al fascismo. Con documenti inediti. Firenze 1963
WINWAR, FRANCES: Con D'Annunzio di fuoco in fuoco. Milano 1960

4. Artikel und Aufsätze

BONDY, FRANÇOIS: D'Annunzios Auferstehung. In: Die Zeit, 9.1.1976
CIANI, IVANOS: La rielaborazione del testo giornalistico. In: Quaderni del Vittoriale, nn. 5–6, 1977. S. 24–47
DIEHL, UTE: Der Tempel des Musensohns D'Annunzio. In: FAZ-Magazin, H. 140, 5.11.1982
ECO, UMBERTO: In Joyce c'è anche D'Annunzio. In: Corriere della Sera, 30 Giugno 1963
GAZZETTI, MARIA: Capitano in Fiume: Gabriele d'Annunzio. In: FAZ-Magazin, H. 434, 24.6.1988
HINTERHÄUSER, HANS: D'Annunzio e la Germania. In: Atti del Convegno 1963, L'arte di Gabriele d'Annunzio. Milano 1968. S. 439–461
HOFMANNTSTHAL, HUGO VON: Gabriele d'Annunzio. In: Gesammelte Werke, Reden und Aufsätze I, 1891–1913. Frankfurt a. M. 1979. S. 174–184
INGOLD, FELIX PHILIPP: Literatur und Aviatik. Europäische Flugdichtung 1909–1927. Frankfurt a. M. 1980. S. 27–49
MAIXNER, P.: James on D'Annunzio. A high example of exclusive estheticism. In: Criticism 13/1971, H. 3, S. 291–231
MOOSE, G. L.: The poet and the exercise of political power. In: Yearbook of comparative and general literature 22/1973, S. 32–41
PARATORE, ETTORE: D'Annunzio e il romanzo russo. In: Lettere italiane 28/1976, H. 3, S. 314–338
PIWITT, HERMANN PETER: Politischer Dandysmus und der imperialistische Intellektuelle. In: Fin de siècle. Hundert Jahre Jahrhundertwende. Berlin 1988. S. 136–139
RITTER-SANTINI, LEA: Die Kralle der Chimäre. Gabriele d'Annunzios sprachliche Invention. In: Lesebilder. Essays zur europäischen Literatur. Stuttgart 1978. S. 212–250
SCHLUMBOHM, DIETRICH: Stilisierung statt Handlung: Zur Erzählweise in D'Annunzios Roman «Il Fuoco». In: Aspekte des Erzählens in der modernen italienischen Literatur. Hg. von ULRICH SCHULZ-BUSCHHAUS und HELMUT METER. Tübingen 1983. S. 73–84

5. Studien über die Jahrhundertwende

BAUER, R. [u. a.] (Hg.): Fin de siècle. Zu Literatur und Kunst der Jahrhundertwende. Frankfurt a. M. 1977

BÜRGER, CHRISTA [u. a.] (Hg.): Naturalismus-Ästhetizismus (Hefte für kritische Literaturwissenschaft 1). Frankfurt a. M. 1979

BÜRGER, PETER: Aktualität und Geschichtlichkeit. Studien zum gesellschaftlichen Funktionswandel der Literatur. Frankfurt a. M. 1977

DAMIGELLA, ANNA MARIA: La pittura simbolista in Italia 1885–1900. Torino 1981

HINTERHÄUSER, HANS: Fin de siècle. Gestalten und Mythen. München 1977

KOPPEN, ERWIN: Dekadenter Wagnerismus. Studien zur europäischen Literatur des Fin de siècle. Berlin–New York 1973

SALINARI, CARLO: Miti e coscienza del decadentismo italiano. Milano 1977

WUTHENOW, ROLF RAINER: Muse, Maske, Meduse. Europäischer Ästhetizismus. Frankfurt a. M. 1978

6. Besondere Zeitschriftennummern

Quaderni Dannunziani: ed. della Fondazione «Il Vittoriale degli Italiani». 1955 sgg.

Quaderni del Vittoriale: Gardone Riviera. Fondazione del Vittoriale degli Italiani. 1977 sgg. (Biblioteca dannunziana a cura di PIETRO GIBELLINI)

Ganz D'Annunzio gewidmet sind u. a. die folgenden Zeitschriftennummern:

Realismo critico: novembre 1963–giugno 1964 und 15 agosto 1964. Firenze 1964

Oggi e Domani: marzo–aprile. Pescara 1978

ES: Materiali per il '900. Gabriele d'Annunzio. La scrittura e l'Immagine. Napoli gennaio/agosto 1980

D'Annunzio. In: Annali d'Italianistica, vol. V, 1987

7. Bildmaterial

D'Annunzio nel suo tempo. Milano 1977

La dimora di D'Annunzio. Il Vittoriale. Introd. di GIORGIO PETROCCHI, testo di UMBERTO DI CRISTINA, immagini della prioria di CRISTOPHER BROADBENT. Palermo 1980

MAZZA, ATTILIO: Il Vittoriale. Brescia 1988

PIRLO, VITTORIO: Inezie squisitissime. Brescia 1988

Conformismo e trasgressione. Il Guardaroba di Gabriele d'Annunzio. Firenze 1988 (Cat. mostra Palazzo Pitti, luglio–settembre 1988)

Gabriele d'Annunzio e la promozione delle arti. A cura di ROSSANA BASSAGLIA e MARIO QUESADA. Milano 1988

D'Annunzio in caricatura. A cura di ELENA LEDDA. Gardone Riviera 1988 (Cat. mostra Il Vittoriale 1988)

D'Annunzio poeta e aviatore. Gardone Riviera 1988 (Cat. mostra Il Vittoriale 1988)

Namenregister

Die kursiv gesetzten Zahlen bezeichnen die Abbildungen

Aélis s. u. Amélie Mazoyer
Aischylos 73
Alatri, Paolo 9
Albertini, Luigi 97f
Alma-Tadema, Sir Lawrence 34
d'Altemps, Duchessa Lukretia 30
d'Altemps, Natalia 30
Ambris, Alceste de 118
Amiel, Henri-Frédéric 46
Angelico, Fra 29
Anguissola di S. Damiano, Conte Fernando 48
Anguissola-Gravina Cruyllas di Ramacca, Prinzessin Maria s. u. Maria Gravina
Antongini, Tom 11, 92, 94, 129
Aretino, Pietro 30

Baccara, Luisa 115, 118, 135f, *134*
Bach, Johann Sebastian 94
Bakst, Léon 95
Barbara s. u. Elvira Natalia Fraternali
Barbella, Costantino 24
Barrès, Maurice 88, 96
Bataille, Georges 93
Baudelaire, Charles 22, 30, 35, 40
Beethoven, Ludwig van 137
Benedictis, Luisa de s. u. Luisa d'Annunzio
Bermond, Adolphe 96
Bernhardt, Sarah 74
Biagi, Guido 27
Bismarck, Otto, Fürst 10
Blériot, Louis 85
Blum, Léon 94
Boccaccio, Giovanni 21
Boito, Arrigo 61
Borletti, Senator 125
Boulanger, Marcel 88f
Boulanger, Suzanne 88f
Bourget, Paul 35, 52
Brecht, Bertolt 8
Brooks, John Ellingham 89
Brooks-Goddard, Romaine 89f, 100, *91*
Bruers, Antonio 125, 137

Bülow, Daniela Senta von 129
Byron, George Gordon Noel Lord 23

Cadorna, Luigi 102
Calderara, Mario 85
Carducci, Giosuè 10, 22f, 27, 97
Carpaccio, Vittore 40
Catull 22
Cavour, Camillo Benso, Conte 9f
Cellini, Giuseppe 35
Chaplin, Sir Charles Spencer 127
Chiara, Piero 9
Chiarini, Giuseppe 22f, 30
Cicognini, Francesco, Kardinal 19
Colonna, Prinz Maffeo Sciarra 32
Comisso, Giovanni 110
Crispi, Francesco 49
Cruyllas, Dante Gabriele 48
Curtiss, Glenn 85

d'Annunzio, Anna 17
d'Annunzio, Anna Giuseppa 16
d'Annunzio, Antonio 16
d'Annunzio, Elvira 17, 129
d'Annunzio, Ernesta 14
d'Annunzio, Francesco Paolo 14, 16f, 27, 28, 31, 34, 48, *15*
d'Annunzio, Gabriellino 38, 138
d'Annunzio, Luisa 14, 16f, 108, *15*
d'Annunzio, Maria 30f, 38, 138, *33*
d'Annunzio, Mario 32, 138, *38*
d'Annunzio, Veniero 38, *39*
Dante Alighieri 21, 77
Debussy, Claude 88, 91, 94f, 108, 135
Diaghilew, Serge 88
Donatello 21
Dorst, Tankred 9
Dostojevskij, Fjodor M. 50f
Dumas fils, Alexandre 61
Duncan, Isadora 88
Duse, Eleonora 7, 24, 48, 61f, 73f, 76f, 79, 91, 105, *62*, *64*
Duse, Enrichetta *64*

156

Eco, Umberto 79

Felici, Alfredo 136
Feydeau, Georges 61
Flaubert, Gustave 35, 96
Fokin, Michel 95
Fortuny, Mariano 28
France, Anatole 88
Franz von Assisi 61
Franz Joseph II., Kaiser von Österreich und König von Ungarn 98
Fraternali, Elvira Natalia 36, 38 f, 44 f, 47 f, 53

Gainsborough, Thomas 40
Garibaldi, Giuseppe 9 f, 18
Gautier, Théophile 22, 30, 35, 96
George, Stefan 8, 77
Gide, André 88
Giolitti, Giovanni 100 f, 117, 121 f
Giorgione 40
Giotto di Bondone 29
Gloeden, Wilhelm von 25
Goethe, Johann Wolfgang von 36
Goloubeff, Daniela de 87, 88, 90 f, 101, *90*
Gonzaga, Vincenzo 84
Grammatica, Emma 63
Gramsci, Antonio 122
Gravina, Maria 48, 61
Gravina, Renata 48, 61

Hamilton, William 34
Hardouin di Gallese, Maria s. u. Maria d'Annunzio
Hérelle, Georges 47, 78, 96
Heine, Heinrich 23
Heufler, Emy 135
Hitler, Adolf 127 f
Hofmannsthal, Hugo von 8, 77
Horaz 23
Hugo, Victor 23
Huysmans, Joris-Karl 34, 40

Joyce, James 79

Kafka, Franz 85
Keats, John 22, 27, 40

Lalla s. u. Giselda Zucconi
Lautréameont 35
Lemierre 97
Leonardo da Vinci 40, 54
Leoni, Barbara s. u. Elvira Natalia Fraternali
Leoni, Ercole 36
Levi, Olga 103, 109
Lippi, Fra Filippo 21
Liszt, Franz 129

Makart, Hans 28, 43
Mallarmé, Stéphane 35
Mancini, Giuseppina 68
Mann, Heinrich 52

Mann, Thomas 51
Manzoni, Alessandro 10, 22
Margherita, Königin von Italien 30
Marinetti, Filippo Tommaso 87, 100, 116
Marino, Giambattista 30
Maroni, Giancarlo 129, 138
Mascagni, Pietro 96
Maupassant, Guy de 39
Mazoyer, Amélie 91, 114, 134 f
Mendès, Catulle 35
Meyerhold, Wsewolod E. 132
Meysenbug, Malwida von 48
Michelangelo Buonarroti 82
Michetti, Francesco Paolo 24 f, 38, 40, 45 f, 50, 52 f
Milton, John 97
Mondadori, Arnoldo 125, *126*
Montale, Eugenio 84
Montesquiou-Fezensac, Robert Comte de 88, 94
Morand, Paul 136
Moreau, Gustave 34 f, 92
Morello, Vincenzo 56
Musil, Robert 8
Mussolini, Benito 7 f, 100, 112 f, 116, 118, 121 f, 132, 137 f, *123, 127, 135*

Napoleon I., Kaiser der Franzosen 18
Napoleon III., Kaiser der Franzosen 10
Nietzsche, Friedrich 48, 51 f, 73, 82
Nijinsky, Waslaw 88, 95
Noailles, Anna de 88, *93*

Ojetti, Ugo 136
Ossani, Olga 92
Ovid 22, 82

Pagliano, Kapitän 107
Palli, Natale 105
Palmerio, Benigno 69, 71
Pasolini, Pier Paolo 84
Pastrone, Giovanni 97
Pater, Walter 29
Pawlowa, Anna 95
Pessoa, Fernando 82
Petrarca, Francesco 21
Piwitt, Hermann Peter 9
Plutarch 72
Puccini, Giacomo 85

Quasimodo, Salvatore 84

Rafaele 13
Raffael 29
Rapagnetta, Camillo 16
Rapagnetta, Rita 16
Rapagnetta-d'Annunzio, Francesco Paolo s. u. Francesco Paolo d'Annunzio
Reinhardt, Max 133
Reynolds, Sir Joshua 40
Rimbaud, Arthur 35

Robbia, Andrea della 21
Rossetti, Dante Gabriel 33
Rougier 85
Rubinstein, Ida 88f, 91, 94f, *95*
Rudinì, Alessandra di 63, 68
Ruskin, John 29

Salandra, Antonio 101
Sartorio, Giulio Aristide 35
Sbarbaro 84
Scarfoglio, Edoardo 28, 30, 32, 34, 48
Schopenhauer, Arthur 29, 50
Schurmann 63
Serao, Matilde 32, 48
Shakespeare, William 22, 40
Shelley, Percy Bisshe 23, 39, 40, 83
Sommaruga, Angelo 29f, 32, 36
Sophokles 73
Sorel, Cécile 88
Stanislawski, Konstantin S. 133
Strawinsky, Igor 88
Suares, André 88
Swinburne, Algernon Charles 23

Tasso, Torquato 22
Thode, Henry 129
Tintoretto 79

Tolstoj, Leo N. 47, 51
Treves, Emilio 40, 44, 46f, 52, 57, 88, 98, 125
Treves, Guido 125

Umberto I., König von Italien 23
Ungaretti, Giuseppe 84

Valéry, Paul *89*
Vergil 22
Veronese, Paolo 79
Visconti, Luchino 47
Vittorio Emanuele II., König von Italien 10, 17
Vittorio Emanuele III., König von Italien 125
de Vogüé 51
Vollmoeller, Karl 77

Wagner, Richard 29, 48, 50f, 61, 78f, 129
Wilde, Oscar 40
Wilson, Robert 96
Wilson, Woodrow 110

Zola, Émile 30, 50, 53, 78
Zucconi, Giselda 24, 27, 28
Zucconi, Tito 24

Über die Autorin

Maria Gazzetti, geboren 1955 in Viterbo (Italien), hat in Hamburg vergleichende Literaturwissenschaft, Romanistik und Geschichte studiert. Sie hat 1985 über «Gabriele d'Annunzio als Journalist» promoviert. Seither kunst- und literaturkritische Veröffentlichungen; neben Beiträgen zu Gabriele d'Annunzio über: «Bomarzo» und «Zauber der Medusa» (Wien 1987).

Quellennachweis der Abbildungen

Istituto di Storia Dell'Arte, Fondazione Giorgio Cini, Venedig: 62, 64, 67
Wolfram Janzer, Stuttgart: 132, 138, 139
Fondazione «Il Vittoriale» degli Italiani, Gardone Riviera: alle übrigen Fotos

Literatur

rowohlts monographien
Begründet von Kurt Kusenberg, herausgegeben von Wolfgang Müller.

Eine Auswahl:

Alfred Andersch
dargestellt von Bernhard Jendricke
(395)

Lou Andreas-Salomé
dargestellt von Linde Salber
(463)

Jane Austen
dargestellt von Wolfgang Martynkewicz
(528)

Simone de Beauvoir
dargestellt von Christiane Zehl Romero
(260)

Wolfgang Borchert
dargestellt von Peter Rühmkorf
(058)

Lord Byron
dargestellt von Hartmut Müller
(297)

Albert Camus
dargestellt von Brigitte Sändig
(544)

Raymond Chandler
dargestellt von Thomas Degering
(377)

Charles Dickens
dargestellt von Johann N. Schmidt
(262

Theodor Fontane
dargestellt von Helmuth Nürnberger
(145)

Maxim Gorki
dargestellt von Nina Gourfinkel
(009)

Brüder Grimm
dargestellt von Hermann Gerstner
(201)

Homer
dargestellt von Herbert Bannert
(272)

Henrik Ibsen
dargestellt von Gerd E. Rieger
(295)

James Joyce
dargestellt von Jean Paris
(040)

Stendhal
dargestellt von Michael Nerlich
(525)

rowohlts monographien